Emil Busch

Laut- und Formenlehre der anglonormannischen Sprache des XIV.

Jahrhunderts

Emil Busch

Laut- und Formenlehre der anglonormannischen Sprache des XIV. Jahrhunderts

ISBN/EAN: 9783743457010

Hergestellt in Europa, USA, Kanada, Australien, Japan

Cover: Foto ©Andreas Hilbeck / pixelio.de

Manufactured and distributed by brebook publishing software
(www.brebook.com)

Emil Busch

Laut- und Formenlehre der anglonormannischen Sprache des XIV.

Jahrhunderts

Laut- und Formenlehre

der

Anglonormannischen Sprache
des XIV. Jahrhunderts.

Inaugural-Dissertation

zur

Erlangung der philosophischen Doctorwürde

welche

nebst beigefügten Thesen

mit

Zustimmung der hohen philosophischen Fakultät
der Universität Greifswald

Sonnabend, den 1. Oktober 1887

Vormittags 12 Uhr

öffentlich verteidigen wird

Emil Busch
aus Zingst in Pommern.

Opponenten:

Cand. phil. **Adolf Flehr.**
Drd. phil. **Otto Schmidt.**

Greifswald.
Druck von Julius Abel.
1887.

Seinen teuren Eltern

in Liebe und Dankbarkeit

gewidmet

vom

Scheibner in seiner Schrift: „Über die Herrschaft der
französischen Sprache in England vom XI. bis zum XIV.
Jahrhundert" (Programm der Königlichen Realschule I. O.
zu Annaberg 1880) sagt in Bezug auf das Französische des
14. Jahrhunderts in England: „Man kann häufig die Behaup-
tung lesen, dass das Französische im XIV. Jahrhundert in
England zu einem corrumpirten normannischen Dialecte herab-
gesunken sei. Das ist eine Entstellung der Thatsachen. Das
Französische Englands während unserer zweiten Periode
(gemeint sind das 13. u. 14. Jahrhundert) ist nicht ein ein-
heitlicher, organisch entwickelter Dialect; es ist nicht ein
Naturproduct, das aus normannischem Samenkorn auf englischem
Boden aufgewachsen und hier etwa aus der Art geschlagen
wäre. Das Französische der Engländer des 13. und 14.
Jahrhunderts ist so verschieden als das der Provinzen, in denen
sie es im Auslande gelernt haben oder aus denen ihre Lehrer
stammen, womit nicht geleugnet werden soll, dass das Nor-
mannisch-Französische in Folge davon, dass es unter allen
altfranzösischen Dialecten die grösste Rolle gespielt hat und
dass auch jetzt noch die meisten der nach England kommenden
Franzosen Normannen waren, wieder eine hervorragende
Stellung einnahm. Wer sich von der Verschiedenheit des in
England zur Anwendung kommenden Französischen über-
zeugen will, darf sich nicht auf die Lectüre der anglonor-
mannischen Dichter beschränken, von denen, wie gesagt,
mindestens die Hälfte Franzosen waren; er muss z. B. auch
die Briefe vornehmer Engländer durchgehen, die Champol-
lion-Figeac gesammelt hat. Neben einem Französisch,

das von dem des Pariser Hofes um kein Haar abweicht, wird er da dem Dialecte Burgunds, der Normandie und der Picardie begegnen."

In anderer Weise als Scheibner, der im Wesentlichen die Ansicht des englischen Historikers Freeman (vgl. History of the Norman Conquest Bd. V pag. 536) wiedergiebt, äussert sich in Bezug auf die Schicksale des Französischen in England Murray: A New English Dictionary Part I. General Explanations pag. X Anmerkung. Dort heisst es: The Anglo-French dialect of the 14th. century was distinct not only from Parisian, but from all dialects of continental French. In its origin a mixture of various Norman and other Northern French dialects, afterwards mixed with and greatly modified by Angevin, Parisian, Poitevin, and other elements, and more and more exposed to the overpowering influence of literary French, it had yet received, on this side the Channel, a distinct and independant development, following, in its phonology especially, English and not continental tendencies . . . . It was not until the fifteenth century, and chiefly at the hands of Caxton, that continental French forms and spellings began directly to influence our language.

Von sprachlichen Untersuchungen, die sich in neuerer Zeit mit dem Schicksal des Französischen in England beschäftigen, sind besonders zwei zu erwähnen: 1) Beiträge zur Geschichte der französischen Sprache in England. I. Zur Lautlehre der französischen Lehnwörter im Mittelenglischen von Dietrich Behrens. Französische Studien V, Heft 2. 2) Über den altfranzösischen Vokalismus im Mittelenglischen von A. Sturmfels Anglia VIII Heft 3.

Seite 212 spricht St. die Ansicht aus: „Es hat sich mir die schon oft gemachte Aussage als wahr ergeben, dass das Normannische, sei es nun von Anfang an, sei es erst später durch politischen und andern Einfluss die dialektischen Eigenheiten des Pikardischen in viel weiterem Masse theilte, als man gewöhnlich annimmt. Auf der anderen Seite muss auch zugegeben und wird im Verlauf der Arbeit genauer ausgeführt werden, dass sich der Vokalismus des ganzen nordöstlichen Küstenlandes in den verschiedenen Distrikten Englands wiederspiegelt, während Behrens zu dem Resultat gelangt, „dass die Richtigkeit dieser schon oft gemachten Aussage, wenigstens bei dem heutigen Stande der Dialektforschung aus einer Betrachtung der Lautverhältnisse französischer Lehnwörter im Me. sich nicht erweisen lasse."

Die vorliegende Untersuchung will die Sprache einer Anzahl anglonormannischer Texte des XIV. Jahrhunderts im Zusammenhange darstellen. Zu berücksichtigen sind in erster Linie die Fragen, ob continentalfranzösische Formen sich Eingang verschafft haben, und ob von einer organischen Fortentwickelung der anglonormannischen Sprache der früheren Jahrhunderte die Rede sein kann, während andererseits auch zu beachten ist, ob vielleicht dialectische Unterschiede auf englischem Boden sich herausgebildet haben.

Als Ausgangspunkt für die folgenden Betrachtungen dient wie in der Abhandlung von Behrens das Normannische, um dem Leser einen Vergleich mit dem Me zu erleichtern; aus demselben Grunde wurde auch, soweit es der Stoff gestattete, die Einteilung von Behrens beibehalten.

Das benutzte Material zerfällt in 2 Gruppen:

I. Literarische Denkmäler.

Wadingt = Le Manuel des Pechiez von William of Wadington ed. Frederick J. Furnivall in Roberd of Brunne's Handlyng Synne für den Roxburghe Club London 1862. Benutzt sind vom Herausgeber 2 Hss: Harl. Ms. 273 und Harl. Ms. 4657.

Langt. = The Chronicle of Pierre de Langtoft, in French verse, from the earliest period to the death of king Edward I. ed. Thomas Wright I, II London 1866, 1868 in der Sammlung: Rerum Britannicarum Medii Aevi Scriptores. Die Chronik ist überliefert in 8 Hss.; der Herausgeber druckt die Hs. A, von der er sagt: „A. Ms. in the Cottonian Library, marked Julius A. V. It is a small quarto, on vellum, written in a fine bold hand, and I am so far satisfied of its generaly superiority that I have adopted it as my text." (vgl. pag. XXII, XXIII).

Langt. App. I = Ein historisches Gedicht ed. Wright in Langtoft's Chronik II Appendix I pag. 386—424. Ms. Reg. 20 A XI. Gedicht aus dem Anfang des XIV. Jahrhunderts; s. Wright Einleitung pag. XIV ff.

Langt. App. II = 2 religiöse Gedichte, publicirt von Wright in der Ausgabe des Langtoft Bd. II Appendix II pag. 426—446 aus dem Ms. A der Chronik Langtoft's; vgl. dort Einleitung I pag. XIV; II pag. XV.

Pol. Songs = The Outlaw's Song of Traillebaston ed. Thomas Wright in den Political Songs of England pag. 231—236 (Camden Society London 1839). — Nach der Histoire littéraire XXVII pag. 40 aus dem Jahre 1305. Das Ms. Harl. 2253 fol. 124 v⁰ aus der Regierungszeit Eduards II (Wright l. c. 237).

Pol. Songs = Lament on the Death of Edward I ed. Wright: Political Songs 241—245. Ms. Bibl. Publ. Cantab. Gy I 1, fol. 489 aus der Regierungszeit Eduards II (Wright l. c. 241).

Lat. Poems = ein Gedicht: De Conjuge non ducenda ed. Wright in: The Latin Poems commonly attributed to Walter Mapes pag. 292 ff. London 1841 (Camden Society No. 16). Nach Wright l. c. 292 aus dem Anfang des XIV. Jahrhunderts. —

II. Urkunden, Briefe, etc.

Y. B. III = Year Books of the reign of King Edward I ed. Alfred J. Horwood London 1863 (aus den Jahren 1302 und 1303) in: Rerum Britannicarum Medii Aevi Scriptores No. 31 III. — Benutzt sind vom Herausgeber 3 Mss. A. B. C. alle aus der Regierungszeit Eduards II.

Y. B. VI = Year Books of the reign of Edward III Years XI and XII ed. Horwood London 1883; aus den Jahren 1337 und 1338; s. Einleitung pag. X ff. (R. B. M. A. Sc. Nr. 31 VI).

Die Year Books enthalten Protokolle von Gerichtsverhandlungen.

Liber Costum. == Liber Costumarum compiled in the early part of the fourteenth century with extracts from the Cott. Ms. Claud. D. II by Henry Thomas Riley Part. I u. II. London 1860 (R. B. M. A. Sc.).

Benutzt wurden ferner ca. 250 meist lokalisirte und datirte Urkunden, Briefe u. s. w.

Um den Lesern die Controlle zu erleichtern, gebe ich im Folgenden ein Verzeichnis der Urkunden mit Jahreszahl und Datierungsort, soweit es möglich ist, genaue Angaben zu machen.

Citiert wird nach Seiten der benutzten Sammlungen:

1) North. Regist. = Historical Papers and Letters from the Northern Registers ed. Henry Thomas Riley Part. I, II. London 1860 (R. B. M. A. Sc.).

I 1270 Westminster pag. 27—30.
II 1304(?)   ? Orig. pag. 163—164.
III 1306 Cawood pag. 181.
IV 1312 York pag. 211.
V. 1313 Middleham pag. 213—14.
VI 1314 Middleham pag. 224—25.
VII 1314 Ricall pag. 225—226.
VIII 1314 Cawood pag. 237.
IX 1315 Scrooby pag. 246—247.
X 1322 York pag. 313—314.
XI 1326 Hull Orig. pag. 334—335.
XII 1327 Nottingham pag. 351—352
XIII 1347 Durham pag. 390—392.
XIV? Rose bei Carlisle pag. 407—408.
XV 1377 Kennington pag. 412 - 413.
XVI 1415   ?   pag. 432—436.

2) Lettr. d. Rois = Lettres de Rois, Reines et autres Personnages des Cours de France et d'Angleterre depuis Louis VII jusqu' à Henri IV, tirées des Archives de Londres par Bréquigny et publiées par M. Champollion-Figeac. Tome II Paris 1847. (In Collection de Documents inédits sur l'Histoire de France).

I 1305 Craunford Orig. pag. 11—12.
II 1307 London pag. 18—19.
III um 1307 pag. 19—23.
IV 1310 pag. 34—37.
V 1325 Orig. pag. 76.
VI 1346 vor Calais (von einem Engländer Michael Northburgh geschrieben) pag. 81.
VII 1357 Westmonster pag. 113—115.
VIII 1360 Guillon in Burgoigne (Brief Eduards III) pag. 118—120.
IX 1360 (Brief Eduards III) pag. 126—127.
X 1361 Weymonster pag. 131—132.
XI 1361 Westmonster pag. 133—134.

3) Rymer = Rymer: Foedera, Conventiones, Litterae, et cujuscunque generis Acta publica.

Bd. I (Teil 2) London 1816.

Bd. II (Teil 1 und 2) London 1818, 1821.

LAUTLEHRE.

Allgemeines.

Aphärese, die continentalfranzösischen Dialecten, sowie älteren anglonormanischen Texten nicht fremd ist, ist für die französischen Lehnwörter im Me. besonders charakteristisch; in anglonormannischen Texten des XIV Jahrhundert begegnete mir Aphärese in folgenden Fällen:

de: *moert* Y. B. III 289. *en*: *pusonayt* Langt. I 106. *a*: *uoegles* Wadingt 404; *chesoun* (für gewöhnliches *achesoun)* Langt. II 124, 218; *Scaloun (Ascalon)* Langt. I 328; *rosez* (Hs. B. *arrosez)* Langt. I 128; *coler* Langt. I 10; *procher* Langt. I 88; *prochaynt* Langt. I 92; in den Urkunden: *voydance* Y. B. III 363; *greable* Rymer II 736, III 395. *e*: *Wandre* (Evander, Eigenname) Langt. I 200. —

Meist fehlt *e* Prosthese im Me. vor *s* impurum (Behrens ✗ S. 182) und wird auch in älteren anglonormannischen Texten oft vernachlässigt; vgl. Mall: Computus 56; Suchier: Auban 31; in den Hss. des XIV. Jahrhunderts dagegen meist *e*. Im Langtoft Vers 1—500 begegnen z. B. folgende Fälle: *estayle* I 18; *estour* I 18; *espaules* I 22; *esposer* I 26; *espeye* I 36; dagegen: *crye = écrit* Langt. I 158, 202. In dem Gedicht: „De conjuge non ducenda" Lat. Poems 292: *sposailles* 292 neben *esposaille* 293; *escripture* 293. Pol. Songs 232 ff.: *eschyne* 232; *esperver* 236. Langt. App. II: *eschyne* 430; *escu* 430, 436; *espinouses* 430; *escorges* (engl. *scourges)* 430; *espei* 430. — Urkunde Hull 1326 (Orig.) North. Regist. 334—335: *establi, espirit, escrit.* Kennington 1377 North. Regist. 412—13: *estate, Escoce.* Vgl. auch: *especefia* Y. B. VI 273; *Estiephne* Lettr. d. Rois 282. Dagegen: *stipulacion* Rymer II 821; *specefia* Y. B. III 155; *crire = scribere* Lettr. d. Rois 233, 234. — Das Fehlen des *e* im Me. erklärt Behrens als Aphärese einer früheren Prosthese aus der in England sich geltend machenden Tendenz, anlautende unbetonte Vokale zu entfernen.

Syncope eines unbetonten Vokals zwischen Haupt- und Nebenton findet sich in anglonormannischen Texten nicht selten in den Fällen, wo im Continentalfranzösischen der unbetonte Vokal erhalten blieb.

Vor *m*: *amendment* Wadingt. 108; *apertment* Y. B. VI 581; *coronment* Liber Costum. II 458, 459; *enprisonment* Rymer II 4; *mouvment* (Orig. 1364) Rymer III 759. Vor *r*: *pelryn* Langt. II 38; *pelryns* Langt. II 14; *Margrete* Langt. II 124, 134; *Mergrete* Langt. II 318; *vigrous* Langt. I 220, II 146; *chivalrie* Rymer III 759, 782. Vor *t*: *sollempntez* Langt. I 238; *norture* Langt. I 116, 174; II 98.

Beseitigung eines unbetonten *e* vor folgendem betontem Vokal durch Synärese, die im Anglonormannischen früher auftritt als im Französischen, ist in anglonormannischen Texten des XIV. Jahrhunderts selbstverständlich durchgeführt, z. B. *emperyce* Langt. 462; *emperour* Langt. I 70; *emperours* Langt. I 80 etc.; oft wird *e* geschrieben: z. B. *enchanteurs* Langt. I 4 etc. In der Aussprache war dieses *e* wohl sicher verstummt, wie zahlreiche umgekehrte Schreibungen erschliessen lassen: *peus* (puis) Langt. I 58; *perdeu, coneu*, Langt. I 240; *seur* === *sur* Rymer II 509; *seurprises* Rymer I 937; *feut* North. Regist. 351, Lettr. d. Rois 126.

Apokope ist sehr beliebt in anglonormannischen Texten des XIV. Jahrhunderts.

Nach Vokal: *espey* Langt. I 190, II 200; *espei* Langt. App. II 430; *espé* Langt. II 98; *curtoisi* Langt. II 20; App. II 430; *estory* Langt. I 128, 202, 216, 228, 254; *Normendy* Langt. I 356; *accessori* Y. B. III 85. Nach einfacher Consonanz: *chemis* Langt. App. II 436; *chos* Wadingt 400; Pol. Songs 232, 235; *memoyr* Langt. I 258; *hour* Langt. I 128; *prier* Wadingt. 405; *priers* Langt. I 314; *corun* Langt. App. II 436; *espins* Wadingt. 234; *persouns* Langt II 116. In den Urkunden: *chos* Y. B. III 39, VI 39, 583, 635; *choz* Y. B. III 177; *fair* (facere) Rymer III 619; *affair* Liber Costum. II 460; *comissairs* Rymer III 783; *contrair* Rymer III 619; *manier* Rymer III 423; *frers* North. Regist. 391; *heur* (hora) Lettr. d. Rois 81; *heurs* Rymer III 716; *parols* Y. B. VI 7.

Nach Doppelconsonanz: *hount* Langt. App. II 436; *hunt*
Wadingt. 398; *hast* (vb. 3. Pers. Sg. Ind. Langt. I 118;
test Wadingt. 142; *evesk* Langt. II 128; *ercevesk* Langt. II 6,
34, 124; *tempest* Langt. I 244, II 38, 54; *ensampl* Wadingt.
419; *port* (portam) Langt. App. II 436. In den Urkunden:
escusanc North. Regist. 211; *respons* Y. B. III 85, 87, VI
19, 231, 253, 257, 315, 395; *test* Liber Costum. 474; *fest*
Rymer II 109, 863, 1219, III 114, 409, 598, 892, 946;
Lettr. d. Rois 261; Pentecust North. Regist. 211; *request*
Rymer II 255; *enquest* Y. B. III 161, VI 3; *hast* (sbst.)
Rymer II 134; *causs* (causam) Y. B. VI 557; *Bretaign* Rymer III
954. 968; *tesmoign* Rymer III 462; *Aquitagn* Rymer I 949;
bataill Rymer III 647; *honurabls* Rymer II 275; *oncls* Rymer
III 664; — Vergl. Suchier: Auban 36 ff. — Belege aus
dem im anglofranzösischen Jargon geschriebenen Gedicht:
la pais aus Englois s. Fr. Stud. V 2, 71.

Umgekehrt begegnet nicht selten in der Orthographie
der Hss. *e*, wo es etymologisch keine Berechtigung hat:
lake (vergl. engl. lake) Langt. I 14, 22; *Kente* Langt. I 58,
104; *resoune* Langt. I 186; *le seinte* Wadingt. 420; *urse*
Langt. I 186; *serpente* Wadingt. 132; *talente* (: prent) Langt.
II 88; *feize* (vice) Wadingt. 17; *loure* Langt. I 98, 336, II
132; *coure* Langt. I 74; *mette* Langt. I 8; *dye* (: curtaysie)
Langt. I 58, 380; bei den letzten Beispielen wirkte viel-
leicht zugleich Anologie. In den Urkunden: *estate* Y. B. VI
621; Lettr. d. Rois 393; *comaundementes* North. Regist. 335;
mere (= mare) North. Regist. 412; *prisoune* Rymer III
418; *conseyle* Y. B. III 169; *la courte* Lettr. d. Rois 234;
foithe North. Regist. 334.

Vokalismus.

A.

Betontes *a*. Die Wörter auf-*age* reimen in den lite-
rarischen Denkmälern nur mit sich selbst: *saye* : *parage* :
message Langt. I 8; vgl. I 420, 436 etc. — In den Urkunden

begegnen seit der zweiten Hälfte des Jahrhunderts continen-
tal-französische Bildungen auf-*aige:* *homaiges* Rymer III 665
(Westminster 1362); *gaiges* Lettr. d. Rois 170 (aus dem Jahre
1365), Rymer III 893 (Orig. 1370); *messaiges* Lettr. d. Rois
460 aus dem Jahre 1439. Ferner: *usaiges* Rymer III 759
(Orig. London 1364); *hostaige* Rymer III 772 (Orig. London
1365); *hostaiges* Rymer III 700, 783 (Orig. London 1363);
heritaiges Rymer III 759 (Orig. London 1364); die letzt-
genannten Belege finden sich in Urkunden, welche im Auf-
trage der in England gefangenen Söhne des Königs von
Frankreich verfasst sind, also wahrscheinlich von Franzosen
geschrieben wurden.

Durch Suffixvertauschung ist zu erklären *umbray* (*: lay).*
Pol. Songs 232.

Neben *a* begegnet in den literarischen Denkmälern sowohl
wie in den Urkunden zuweilen *aa* „wohl nur um die Länge
des Vokals anzudeuten;" vgl. Stürzinger: Orthographia gallica
pag. 40:

Vor franz. wortauslautendem *s* (= lat *ss* oder *s* in
Lehnwörtern): *baas* Langt. II 330; *paas* Langt. II 332;
caas Liber Costum. 224, Rymer III 959, 1054. Vor *d: aad*
(habet) Lettr. d. Rois 81. Vor *n: aan* (annum) North.
Regist. 237.

Vor gedecktem Nasal verhalten sich die einzelnen
Denkmäler in Betreff des *a* verschieden. Im Langtoft wird
a in dieser Stellung fast regelmässig *au*. Es begegnen hier
(nach Zählung von pag. 1—50) nur 13,2 % *a*, während z. B.
in dem Langt II App. II (pag. 426—436) publicirten religi-
ösen Gedicht 57,8 % *a* und nur 42,2 % *au* anzutreffen sind.
Bei Wadington dagegen findet sich pag. 1—40 unter 111
Fällen nicht ein einziges *au*, sondern stets *a*. Im Liber
Costumarum ist *au* vor complicirtem Nasal das Gewöhnliche;
die Year Books und die übrigen Urkunden zeigen Vorliebe
für reines *a*. So z. B. hat eine Urkunde aus dem Jahre
1308 (Rymer II 63) unter 7 Fällen 2 *au;* Urkunde West-
minster 1310 (Rymer II 109) unter 7 Fällen 4 *au;* York
1312 (North. Regist. 211) unter 2 Fällen 1 *au;* London 1323

(Rymer II 514) unter 27 Fällen 3 *au;* Rokesburgh 1332
Orig. (Rymer II 848) unter 5 Fällen 2 *au;* Kenyngton 1340
unter 7 Fällen 1 *au;* Baumburgh 1356 Orig. (Rymer III
319) unter 43 Fällen 1 *au;* Dover 1364 Orig. (Rymer III
750 - 51) von 81 Fällen kein *au;* ebenso haben 2 Urkunden
London 1364 Orig. (Rymer III 759) und eine London 1366
Orig. (Rymer III 783) nur *a.* Es scheint demnach *aun*
+ ^{Cons} für *an* + ^{Cons}, das nach Stürzinger l. c. XXXIX sich
in datirten Texten frühestens aus einer Urkunde vom Jahre
1266 nachweisen lässt, gegen Ende des 14. Jahrhunderts mehr
und mehr ausser Gebrauch gekommen zu sein. Zu älteren
literarischen Texten vgl. Koch: Chardry (Altfranz. Bibl. I)
pag. XXX; Rolfs: Adgarlegenden, Rom. Forsch. I pag. 206;
Uhlemann: Vie de Seint Auban, Rom. Stud. IV pag. 543.
— Zuweilen findet sich *au* vor *nk,* wo es im Me. nicht ein-
tritt: (cf. t. Brink: Chaucergrammatik.) *saunk* Langt. I 10,
86, *baunk* Langt. II 186. In den Urkunden: *fraunk* Rymer
III 865, *fraunks* Rymer III 337; *baunk* Rymer III 722. *o,*
ou, das im Me. häufig, begegnet selten. *Comberlond*
Y. B. VI 621; *Flondres* Rymer III 761; *diamond*
Rymer III 1056; *bondes* (= frz. bandes vgl. Diez Wb.
40) Rymer III 327; *souffisont* Rymer III 632; *estrounge*
Y. B. III 437. — Erwähnt sei noch, dass im Langt. *au* mit
der englischen Endung *land, launde* im Reime gebunden wird.
taunt: avaunt (: Northumberland) Langt. I 292, II 176. *de-*
maunde (: Westmerlaunde) Langt. I 94.

Zur Aussprache des *au* vor Nasal im Anglonormannischen
vgl. Koschwitz, Überlieferung und Sprache pag. 21. — Von
en + Cons ist *an* + Cons wie in älteren agn. Denkmälern
(vgl. Rolfs l. c. pag. 207) im Reime streng geschieden; *avant*
(:*grant*) Wadingt. 79; *enfanz (:comanz)* Wadingt. 88. *graunt*
(:*taunt*) Langt. App. II 428. Vgl. noch Wadingt. 92, 93,
95, 104, 107, 109, 119, 129, 131, 133, 153, 154 etc. Nur
die lat. Part. Praes., sowie die Subst. auf ursprünglich *-entia*
haben im Anglonormannischen (wie in den französischen Dia-
lecten) schon seit ältester Zeit *an;* vgl. Hammer: Die
Sprache der anglonormannichen Brandanlegende. Halle a/S.

1885. Es reimen daher: *perdant (:grant)* Wadingt. 187;
vallant (:grant) Wadingt. 201; *uiuant (:auant)* Wadingt 202.
Vgl. noch Wadingt. 230, 236, 304, 344, 345, 375, 376 etc.
destaunce: balaunce: pussaunce Langt. II 52. Vgl. noch Langt.
I 284, 292. II 70, 86, 96, 111, 150, 200, 218, 229, 308,
318, 338 etc. Vgl. unter *e* pag. 18.

    Vor *r* + Cons. wechselt *a* zuweilen mit *e*. In den Ur-
kunden: *merks* Liber Costum. I 304. *merque* Lettr. d. Rois
261. *merdey* Rymer I 996 etc. Häufiger begegnet der
Wechsel von *a* und *e* beim vortonischen *a* auch vor an-
dern Consonanten als *r*: Vor *b*: *Brebant* Rymer II 981.
Vor *c*: *recunter* Wadingt. 1; *recunté* Wadingt. 397. Vor *m*:
Flemengs Rymer II 277; *enemiablement* Rymer III 108.
Vor *r*: *peresce* Wadingt. 134, 145, 159, 353. Vor
bl: *entrechangeblement* Rymer III 319 (Orig.). Vor *r* +
Cons: *Mergerete* Langt. II 316,318; *erceden* Langt II 4;
ercevesk Langt. II 6, 124, 128, 130; *erceveske* Langt. I
92, 94, 176; II 4, 6, 116, 126, 132; *erceveskes* Langt.
I 230. In den Urkunden: *mercher* Liber Costum. I 304; *es-
pernier* Rymer II 798. Analoge Bildungen begegnen seit dem
13. Jahrhundert in fast allen französischen Mundarten. Vgl.
z. B. Metzke: Der Dialect von Isle de France im 13. und 14.
Jahrhundert. Herrigs Archiv Bd. 64 pag. 395, wo auch aus
der heutigen Pariser Vulgärsprache Formen wie *gendermes,
chermes, erticle, cataplesme* etc. belegt werden. Vgl. auch
Thurot: De la prononciation française I Paris 1881 pag. 4 ff.
Zum älteren Anglonormannischen s. Uhlemann l. c. 559. Vgl.
auch Fr. Stud. V 2, wo pag. 76 aus Murray: the southern
counties of Scotland bemerkt wird, dass im Schottischen
heute *a* vor *r* fast durchweg in romanischen nnd in einhei-
mischen Wörtern zu *e* geworden ist. —

    Vor gedeckter Nasalis findet *a* in nicht betonter
Silbe dieselbe Behandlung wie in betonter Silbe. S oben.
O begegnet: *Normondye* Langt. I 168, 170, 178; *u*: *Normundi*
(Hs B) Langt I 178.

    Vor nicht nasalen Consonanten tritt im Angonorman-
nischen nicht selten *au* für *a* ein. Vor *st*: *chaustel* Langt. II

426; *bauston* Langt. I 136, 250; *chaustier* Wadingt. 152; *chaustié* Wadingt. 284. *gaustez* Wadingt. 31. *fr: naufrez* Langt. I. 166 (Hss. B. C.)

In unbetonter Mittelsilbe zu erwähnen: *u*: *estutut* Y. B. VI 423; *au*: *messauger* Lettr. d. Rois 232.

E.

Betontes *e*: I. e aus a.

Im Auslaut wird *e* aus *a* in den literarischen Denkmälern mit *e* = frz. *ie* im Reim gebunden: *antiquité* (:se [sedem]) Langt. App. I 338; *trové* (:le [laetus]) Langt I 6. Vgl. noch Langt. I 68, 324, 470, II 10, 18, 320 etc. — Nicht selten begegnet Angleichung der Wörter auf lat. — *atem* an lat. — *atam*: *pitee* Wadingt. 10, 215, 421; *humilitee* Wadingt. 416. Häufiger in den Urkunden: *indemnitee* Rymer II 1134; *citee* Rymer II 114, III 17, 663, 871; *volentee* Rymer III 336, 601; *volantee* Rymer III 663; *tretee* Rymer III 285; *gree* Y. B. VI 131, 231; Rymer III 17; *dignitee* Rymer II 103. *nativitee* Rymer II 134; *seurtee* Rymer III 319; *libertee* Rymer III 319; *communitee* Rymer III 602; *difficultee* Rymer III 874. — Doppeltes Suffix (lat. atem) haben die Neubildungen *hounteté* Langt. I 144; II 222; *honesteté* Wadingt. 407. — Zu beachten sind: *voluntie* Rymer III 647; *dignitie* Rymer II 848; *citie* North. Regist. 429; *duschies* Rymer III 968; *privie* Rymer III 319; *eveschy* (Orig.) North. Regist. 163; *eveschies* Rymer II 1121; *erceveschies* Rymer II 1121; solche Formen erinnern an englische Bildungen, die bereits aus dem XIV. und XV. Jahrhundert sich belegen lassen; vgl. Frz. Stud. V 2, 82. — Nicht selten stellt sich ein parasitisches *i* = phonet. *y* zwischen den beiden *e* der Endung -ee (lat. *atam*) ein: *espeye* Langt. I 36, 62, 66, 74; *espeie* Wadingt. 268, 383; in den Urkunden: *espeies* Liber Costum. II 461; *journeie* Rymer III 219; *journeies* Rymer III 459. Vgl. Schumann: Cambridger Psalter Franz. Studien IV 299. Nach den Reimen *espye* [= nfr. épée] (:mye) Langt. I 210, *espeye* (:Albanie) Langt. App I 404 scheint wenigstens facultativ eine Aussprache *espie* bestanden zu haben, die phonetisch etwa folgendermassen zu erklären ist: *espee, espeye, espeiye, espie*.

Vor flexivischem *s* reimt *e* aus *a* mit *e* = älterem *ie* : *veritez* (:pez [pedes]) Langt. II 50; *pitez* (:pez) Langt. II 68; *assez* (:pez) Langt. II 90. Zu bemerken sind: *estez* (:fez [vice]) Langt. I 236—38; *parentez* (:fez) Langt. I 304, II 78; *veritez* (:fez) Langt. II 120—122; *heritez* (:fez) Langt. II 172.

Die lat. Endung *-ianum* erscheint stets als *-ien* und wird in den literarischen Denkmälern mit *e* (+ *n*) = frz. *ie* (+ *n*) im Reim gebunden: *crestien* (:bien) Wadingt. 47,49; (:rien) Wadingt. 89—90. *terrien* (:rien) Wadingt. 87; *terrien*: *Dyocletien*: *Christyen*: (:ren: ben) Langt. I 174; *Avyen*: *Basyen* (:ben) Langt. I 70.

Eine bekannte Eigentümlichkeit des Anglonormannischen ist das häufige Eintreten von *ie* für *e* aus *a*, eine Erscheinung, die wir mit Mall Computus pag. 69 ansehen dürfen als umgekehrte Schreibung, welche eintreten konnte, nachdem der alte Diphthong *ie* im Munde der Anglonormannen verstummt war. Daneben begegnet oft *ee*, eine Schreibung, welche bereits der Hs. C des Computus (Ms. Bibl. Cott. Nero A V aus dem 12. Jahrhundert) nicht unbekannt ist; s. Mall (l.c. 69.)

Stürzinger: Orthographia gallica pag. 40 sieht in diesem *ee* eine Nachstufe des Diphthongen *ie*, da *ee* nur jüngeren Hss. eigentümlich ist; und zwar scheint ihm *ee* nicht einmal die erste Stufe nach *ie* zu bezeichnen, „*ee* ist aus *e* entstanden wohl nur um die Länge des Vokals anzudeuten nach Art engl. Orthogr. des XIV. Jh.'s". Zu unterscheiden von diesem *ee* ist nach Stürzinger dasjenige, welches mit *ea* wechselt und gleich frz. e = älterem *ai* = lat. *a* + Pal. ist. Die Aussprache des ersten *ee* ist die eines geschlossenen *e*.

Zu den zahlreichen Belegen für *ie* und *ee* bei Stürzinger pag. 40 ff. fügen wir einige hinzu:

Vor *l*: *ie*: *tiel* Langt. II 376; Wadingt. 12; Langt. App. I 386; in den Urkunden: Y. B. III 151, 153, 165; VI 17; Liber Costum. I 281; *tieu* Rymer I 925; *quiel* Rymer I 925; *loustiel* Y. B. VI 295; *hostiel* Lib. Costum I 280; *nief* Y. B. VI 333 etc. *ee* : *anueel* Rymer III 143. Eine besondere

Erwähnung verdienen *housteil* Rymer II 1050; *teil* (talem) Y.
B. VI 407, die an bekannte continental-französische Formen
erinnern; vgl. Zemlin: Der Nachlaut *i* in den Dialecten Nord-
und Ostfrankreichs Halle 1881 pag. 11, sowie Görlich: Frz.
Stud. IV, 3 pag. 26; doch ist wahrscheinlich Anbildung von
el = lat. *-alem* an *el* = *-ellum* anzunehmen, so dass *ei* = ẹ als
umgekehrte Schreibung sich erklären lässt. Zu älteren agn.
Texten vgl. Hammer l. c. pag. 20. Sonst erscheint lat.
-alem als *-al* und *-el*, beides durch den Reim gesichert. *Noel*:
chastel: *Arundel*: *hel*: *mangolel*: *turel*: *quarel*: *mortel*: *hostel*
Langt. I 492—94; *mortel* (:ciel) Wadingt. 220; (:chastel) ib.
22; *perpetuel* (:ciel) Wadingt. 220. — *espirital* (:mal) Wa-
dingt. 300; *espiritals* (:maus) Wadingt. 33; *criminals* (:mals)
Wadingt. 119; *mortals* (:mals) Wadingt. 2; *mortal* (:mal)
Wadingt. 209; *lecheral* (:chival) Wadingt. 20. etc.

Zum älteren anglonormannischen Sprachgebrauch vgl.
Vising l. c. pag. 68 ff; Rolfs: Adgar l. c. 206; Koch: Char-
dry XXV.

Vor *r*: *ie*: *piere* (patrem) Wadingt. 7, 41; Rymer I
998, II 1050; North. Regist. 334; Y. B. III 41; Lettr. d.
Rois 155; *miere* (matrem) Y. B. VI 31, 139; = mare Wa-
dingt 57; Rymer II 865, III 786, Lettr. d. Rois 21, 216;
bier Langt. App. I 394; *garantier* Rymer II 523; *ee*: *meere*
(matrem) Y. B. III 131; *meer* (mare) Wadingt. 120; Rymer
II 521, 628, 865; Lettr. d. Rois 80. — Bemerkenswert ist
pire = patrem Y. B. VI, 545; *mire* = mare Lettr. d. Rois
233, wo *i* für sehr geschlossenes *e* eingetreten zu sein scheint
(s. *ie*). Vgl. auch: *mer* (:cher) Langt. I 92, II 72; *ber*
(:cher) Langt. I 102—104, 338—340. Anzumerken sind:
mer (:iver) Langt. II 126, 176—178; *fraires* (fratres) Rymer
III 420 (Orig.), die auf offene Aussprache schliessen lassen.

II. *e* aus lat. *ē* und *ĭ* in geschlossener Silbe.

Vereinzelt begegnet in pikardischer Weise *ie* für *e*: *ie*:
chastiel Rymer II 521, 821, III 973; *tiere* (terra) Lettr. d.
Rois 76; *fieste* Rymer III 750 (Orig.). — *ee* haben: *seel* (si-
gillum) Rymer III 759 (Orig.) etc. *feer* (ferrum) Y. B. VI
643; Liber Costum. III 469. — Dieses *ee* ist nach Stürzin-

ger l. c. 41 lautlich identisch mit *ee* = lat. *a* + Pal. (vgl. *ai*): beide begegnen im Wechsel mit *ea* und sind zu scheiden von *ee* = agn. *ie* = frz. *e* aus *a* (vgl. pag. 16).

ɔ *ei*   V o r N a s a l i s vereinzelt *ei: meim* (même) Y. B. VI 585; *seine* (septimus) Langt. II 40.

    V o r *st : seneistre* Wadingt. 424.

ɔ *a*   V o r *ss* begegnet *a* statt *e* in *countasse* Langt. II 102, 146.

    V o r g e d e c k t e r N a s a l i s ist *e* von *a* im Reime geschieden; vgl. o. pag. 13. *gent: outrement :entrichement: souent* Wadingt. 66; *souent: vengement* Wadingt. 71; *talent: acordement: ent* Langt. II 18; *curtaysement: sovent* Langt. II 30. Vgl. noch Langt. I 14, 80, 86, 88, 100, 136, 140, 174; II 44, 64, 88, 112, 118, 122, 146, 160, 172, 182, 192 etc. Wadingt. 74, 75, 77, 79, 84, 86, 88, 89, 90, 95, 96, 97, 100, 300 etc. Ausserhalb des Reimes findet sich vereinzelt *a* für *e*, wie bereits in Brandan (Hs. Cotton. Vsp. B. X aus dem Ende des 12. Jahrh.) vgl. Hammer: l. c. 26. *Roanne* Langt. II 12; in den Urkunden: *samble* Rymer II 985; *prandre* (Orig.) Rymer III 401. — *ensample* Y. B. III 191, Lettr. d. Rois 236 etc. hat in älteren normannischen Texten schon *a*, vgl. Suchier: Reimpredigt 71. —

ɔ *ai*   Eine besondere Erwähnung verdient *taindre* = frz. *tendre* im Reim mit *greindre* (grandior) Langt. App. II 442; vergleicht man dazu *greindre* (:prendre) Wadingt. 34, so gewinnt es den Anschein, dass nicht die bekannten continentalfranzösischen Formen (vgl. z. B. Zemlin l. c. pag. 11 *painre* = prendere) mit dem Nachlaut *i* vorliegen, und es wird unsere frühere Annahme, dass umgekehrte Schreibung für *ai*, *ei* = *ę* eingetreten sei, bestätigt. Vgl. die Belege oben pag. 17, 18.

ɔ *i*   N e b e n t o n i s c h e s *e* vor dem Hauptton wird verschieden behandelt. Nicht selten begegnet in den literarischen Denkmälern sowohl wie in den Urkunden *i*. *i* = lat. *a*: V o r *s: gisir* Wadingt 136. V o r *v: chival* Langt. I 80; *chivaus* Rymer II 103, 109; Y. B. III 11. V o r *m: chimyn* Langt. II 324; *chymyn* Langt. I 188; II 112. V o r *tt: gitté* Pol. Songs 236. *i* = lat. *e: cria* (creavit) Wadingt. 22 ist be-

kannt; vgl. unter andern Mall Comp. pag. 57, Diez: Gr. I⁵ 126.
Vor *n: simeine* Wadingt. 309; *symeine* Wadingt. 11, 135,
362; *symeines* Wadingt. 10; *simeines* Rymer I 1010; *symeig-
nes* Y. B. VI 521; North. Regist. 340; in allen Fällen ist *i*
wahrscheinlich durch den vorausgehenden Zischlaut hervor-
gerufen. —

Auch die Vertiefung des vortonischen *e* zu *a* ist unsern
Texten nicht unbekannt. *Alyanore* Langt. II 46; *darayn*
Langt. I 58, 64; *acrire* Lettr. d. Rois 235; *assager* Langt.
II 178. Dieselbe Erscheinung im älteren Agn. vgl. z. B.
Rolfs: Rom. Forsch. I pag. 208. Koch: Chardry 31 (Hs. L.
erste Hälfte des 13. Jahrhunderts), sowie die Belege bei
Koschwitz: Überl. und Sprache pag. 24. — In dem Jargon-
gedicht la pais aus Englois Pol. Songs 63 ff.: *Adouart* statt
Eduard, *chaviaus, dafandre;* vgl. Behrens pag. 95. Zum Kon-
tinentalfranzösischen vgl. z. B. Förster: Yzopet XXXII.

Vor Nasalis + Cons. ist *an* für nebentoniges *en,* wie
in älteren agn. Texten, einige Male zu verzeichnen aus den
Urkunden: *landemain* Rymer III 422; *randrons* Rymer III
401; *samblablement* Rymer III 750 (Orig.). —

Vor *r* + Consonant begegnet die Verdunkelung zu *a* nicht
selten: *apparceuz* Langt. I 384; *pardu* Wadingt. 309; *parnoms*
(unter gleichzeitiger Metathese des *r*) Langt. II 56; *sarré* (= nfr.
serré) Langt. II 312; *parsone* Wadingt. 152; *sarmons* Wadingt.
402; *apartement* Wadingt. 168. In den Urkunden: *pardutz*
Rymer II 514; *pardue* Lettr. d. Rois 184; *pardetz* Rymer II 509;
pardirent Rymer III 600; *pardy* Rymer II 1143; *parpetuel*
Rymer I 974; *parsonalment* Rymer II 580; *darner* Rymer
II 518; *parsone* Rymer II 370; *parsonne* Lettr. d. Rois 178;
parsones Rymer I 925, Lettr. d. Rois 190, 261. — Dieselbe
Erscheinung im Kontinentalfranzösischen und ältern Anglo-
normannischen. Vgl. auch in dem Jargongedicht la pais aus
Englois: *sarra* Pol. Songs 65; *sara* Blonde d'Oxford 3153.

Zu bemerken ist noch: *domorer* Wadingt. 236, wo das
o durch die Labialis hervorgerufen sein kann.

In unbetonter Mittelsilbe findet sich für *e* verein-
zelt *a: desparance* Wadingt. 429; *Samadye* Y. B. VI 39, 43,

519; *Samaday* Lettr. d. Rois 80. *i: enimi* Wadingt. 206; *enimis* Wadingt. 254; *Englisterre* Y. B. III 123; *vendirdi* Y. B. III 269. *ee (ie): agreeable* Rymer III 498, *appartienir* Rymer III 418 nach stammbetonten Formen. *u*, durch den vorhergehenden dunklen Vokal veranlasst: *confurmer* [nur Hs. A.] Langt. II 334, *forturesce* Rymer II 521; durch vorausgehende Labialis verursacht: *mesqurdi* Rymer II 454; *chamburlain* Wadingt. 218.

Nachtonisches *e* erscheint in den Urkunden vereinzelt als *i*: *freris* Y. B. III 351; *armis* Rymer II 277. —

I.

Für *i* erscheint seit der Mitte des 13. Jahrhunderts in anglonormannischen Hss. häufig die Schreibung *y*, besonders in Verbindung mit *m*, *n*, *u*. Vgl. die Vorschrift der Orthographia gallica Regel No. 17, Stürzinger: Ausgabe pag. 28; dort heisst es: „Item quandocumque hec vocalis *i* inter *m* et *n* vel *u* ponitur, potest mutari in *y* ut litera sit legibilior legenti". Pag. XLIII giebt Stürzinger mehrere Belege für *y* statt *i* aus den Urkunden des 13. Jahrhunderts und fährt dann XLIV fort: „Beispiele aus dem 14. Jahrhundert sind überflüssig, da *y* da fast ausnahmslos erscheint". Ein Blick in unsere Texte zeigt indessen, dass es sich nicht so verhält.

Im Langtoft begegnen (pag. 1—50) von 131 Fällen 29 *i* und 102 *y*; d. h. also 22,14 % *i* und 77,86 % *y*. In dem Gedicht: The outlaw's Song of Traillebaston (Pol. Songs 231—36) aus dem Jahre 1305 nach der Histoire littéraire XXVII, 40 (Ms. aus der Zeit Eduards II) sind unter 25 Fällen 12 *i*, 13 *y* zu verzeichnen. Im Wadington finden sich pag. 1—20 unter 136 Fällen 126 *i* und 10 *y*; d. h. 92,65 % *i* und nur 7,35 % *y*. In den Urkunden aus der Mitte und der 2ten Hälfte des Jahrhunderts: Urkunde London 1344 Orig. (Rymer III 22—23) hat unter 33 Fällen nur 1 *y*. Westminster 1345 Orig. (Rymer III 37) unter 33 Fällen 5 *y*. Dover 1364 Orig. (Rymer III 750—51) unter 101 Fällen 9 *y*. London 1364 Orig. (Rymer III 759) hat: *cappitaines* (2 Mal), *chastellains* (2 Mal), *qui, puissans, princes, Acquitaine*

(2 Mal), *maintefoiz, luy* (2 Mal), *puissance, certaine, trespuis-
sant, prince, appartenir, Xainctonge, tenions* (2 Mal), *commis*
(5 Mal), *maniere, saisine, tenir, plain, vuider, mi, quittons*
(2 Mal), *main;* d. h. unter 34 Fällen 2 *y*. Diese Beispiele
scheinen zu beweisen, dass *y* im Laufe des 14. Jahrhunderts
dem *i* mehr und mehr weichen musste.

Betrachten wir jetzt *i* im Einzelnen:

I. *i* = lat. *ī*. Vor auslautendem *e* ist zu erwähnen der
Reim mit dem me. Wort *levedye. vye: ballye: envadye* (:levedye)
Langt. I 320.

Durch Suffixvertauschung ist entstanden: *nobleie* Wadingt
425; Langt. I 4, 12, 64 (:escrye) Langt. I 146; *noblye* (:clergye)
Langt. I 410. Neubildungen mit dem Suffix-*ie* (vgl. Uhle-
mann l. c. 567): *genturye: paenerye: maumerye* Langt. I 98;
beverye: mangerye Langt. I 144—146; *boidie* Wadingt. 53;
tricherie Wadingt. 134; *ballye: vaydie* Langt. I 142; *geaun-
terye: Cornubye* Langt. I 178—180; *controversye: arbitrye*
Langt. I 434—36; *Lumbardye: navye* Langt. II 96—98:
Solye: Dynye Langt. II 28; *manantie* Wadingt. 62; *manauntye:
cravauntye* Langt. I 296—98; *musardrie* Wadingt. 145, 149;
musardries Wadingt. 148; *enbuschye: Lylye* Langt. I 200;
enchaunterye Langt. I 110; *noueleries* Wadingt. 108; *perrye:
vilaynye* Langt. I 142; *saintuarye* Langt. I 424; *bricunie* Wa-
dingt. 189; *armerye* Langt. II 108; *glotonie* Wadingt. 129, 224.
In den Urkunden: *chaunterie* Y. B. VI 657; *outragies* Rymer
II 274; *Brabantie* Rymer II 1121; *consperacie* Lib. Costum.
I 298; *tiraunties* Rymer III 108 etc.

Vor *t* ist hervorzuheben *detes* = dites Y. B. III 180,
das auf sehr offne Aussprache des *i* schliessen lässt. Vgl.
auch vor *bl: peyseble* Y. B. III, 147; vor *qu: artequels*
Lettr. d. Rois 290 (Orig. Dovre 1396). Ist *e* in beiden letzt-
genannten Wörtern vielleicht durch Accentveränderung her-
vorgerufen? vgl. *ne: péaceable, árticle*.

Vor *s: deyse* (dicam) Y. B. III 115. Vor *n: moleyn*
Y. B. VI 225. Vor *ll: feille* (filia) Langt. I 308, 462, II
376; *feylles* Langt. I 130. Vgl. die Belege bei Behrens l. c.
101: *raveine* statt *ravine* (aus Schumann: Cambr. Ps.), *aveis*

statt *avis* Y. B. II 317 etc. Ich vermute hier umgekehrte Schrei-
bung; unbetontes *e* vor betontem Vocal war in der Aussprache
längst verstummt, in der Schrift hielt es sich zum Teil, und
man schrieb es auch dort, wo es etymologisch nicht berechtigt
war. Vgl. *eskeu, coneu, perdeu* Langt. I 240; *feut* Lettr. d.
Rois 126; *seur* = *sur* Rymer II 509; in derselben Weise
konnte sich auch vor betontem *ī* ein *e* in der Orthographie
einstellen.

II. *i* = kl. lat. *ē, ĭ* (vlat. *ẹ*). Unsere Texte zeigen
regelmässig *i;* die Erhöhung zu *i*, „welches vorher *ei* gewesen
sein muss" (Koschwitz: Überl. pag. 25) ist durch eine Pala-
talis oder urspr. folgendes *i* bewirkt. *mercye* Langt. I 454,
II 134; *Sarazyns* Langt. II 80, Wadingt. 174; *matyre* (ma-
tïrium) Langt. I 66 etc. —

III *i* = *ē* + *i*. *my* (mĕdium) Langt. I 14, 44; *demye*
Langt. I 380; *despit* Langt. I 228, 368; *respit* Langt. I 112,
120, 290; *parfit* Langt. I 438, Langt. App. I 412, Wadingt.
373; *prys* (prĕtium) Langt. II 222; *engyn* Langt. I 132. etc.
In analogen Verbalformen und davon abgeleiteten Substan-
tiven begegnet im Me. *ei, ai*, während im Anglonormanni-
schen nach Analogie der stammbetonten Präsensformen schon
früh *i* überall eingeführt wird. Vgl. Franz. Stud. III
390 ff: In unsern Texten des 14. Jahrhunderts begegnet
ausschliesslich *i: prie* Langt. I 94, 112, 386, 412; *prier* Y.
B. VI 221; *pryoms* Langt. I 98; *prioms* Y. B. VI 233, 279,
295, North. Regist. 163; *pria* Y. B. VI 241, 279 etc.

Nebentonisches *i* vor dem Hauptton erscheint, wie in
andern agn. Texten, nicht selten als *e: deable* Langt. I 28,
Wadingt. 8, 9; *desei* (dīcebam) Wadingt. 344; *Phelipe* Langt.
II 28, 52, 54, 72, 78, 92; in den Urkunden: *vecounte* Y. B.
VI 609; *paiseblement* Rymer II 602; *Phelip* Rymer I 925,
III 600, 883; *menistres* Rymer III 601. —

u = *i* begegnet vor *s: bruseroy* Pol. Songs 233; *de-brusé*
Wadingt. 53, 56; *de-bruserent* Wadingt. 349; in den Urkun-
den: *de-brusa* Y. B. VI 185; *de-brusée* Lettr. d. Rois 79.
Vor *n: munestrel* Wadingt. 148, *munestrau* Wadingt. 149;

munestral Wadingt. 149; überall dürfte das *u* durch die vorhergehende Labialis hervorgerufen worden sein. Für nachtonisches unbetontes *i* = lat. *ī* begegnet *e* in *Lunde* Rymer I 996. —

O.

I. *O* = lat. und german. *au*, lat. *o* in geschlossener Silbe ausser vor Nasal.

Dieses *o* mit der Aussprache *ρ* ist in den literarischen Denkmälern von allen übrigen *o* Lauten deutlich geschieden; *repos* Langt. I 12; *chose* Lat. Poems 293; *col* (collum) Langt. I 32; *hor* (aurum) Langt. I 48. Bei *tresour* Pol. Songs 242 hat Angleichung an die Substantiva auf lat. -*ōrem* stattgefunden. *Povre* Langt. I 146; *tost* (tostum) Langt. I 4, 14, 26, 64. — Die Urkunden zeigen neben *o* einige Male *ou: paroule* Y. B. VI 23, 259, 261, 281; *paroules* Y. B. VI 227, Rymer III 893; *chouse* Lettr. d. Rois 160; *chouses* Lettr. d. Rois 222, 223, 224. Aus älteren anglonormannischen Denkmälern lassen sich analoge Fälle nicht belegen, (vgl. z. B. Koch: Chardry XXVI, Rolfs: Adgar R. F. I 211; Hammer: Brandan 18); häufig dagegen aus continentalfranzösischen Mundarten, vgl. Görlich: Frz. Studien III 70; V 3 pag. 43; Metzke l. c. 407, 411.

Unbetontes *o* (vgl. Förster: Rom. Studien III 188) erscheint in den Urkunden nicht selten als *ou: houstel* Rymer III 655; *pouse* Lettr. d. Rois 224; *pouserent* Rymer III 420 Orig.; *depousé* Lettr. d. Rois 223; *appouser* Lettr. d. Rois 160; *impouser* Lettr d. Rois 158, 159; *prouchain* Lettr. d. Rois 159, 459; *prouchainement* Lettr. d. Rois 460. Erwähnt sei noch, dass sämtliche Urkunden, welche *ou* für *o* schreiben, aus dem Südosten stammen (Westminster, London, Kennyngton). — *o* ist zu *e* geschwächt: *preschein* Rymer I 343; *prechein* Lettr. d. Rois 22; *prescheinement* Rymer II 4; *premesse* Rymer II 171.

II. *O* = lat. *ŏ, ū* (volkslat. *ρ*), lat. *ŏ* vor Nasal, selten lat. *au*.

Die Schreibungen *u, o, ou* begegnen neben einander; *ou,* das seit dem Anfang des 13. Jahrhunderts in anglonormanni-

schen Texten auftritt, scheint von den Copisten bevorzugt zu
werden. — Im Kontinentalfranzösischen (Isle de France) tritt
für freies *o, ou, u* am Ende des 13. und Anfang des 14. Jahr-
hunderts „in überwiegender Mehrzahl" *eu* ein; vgl. Metzke
l. c. 410 ff. — Im Auban findet sich *eu* nur vereinzelt, Uhle-
mann: l. c. 569; auch in den literarischen Denkmälern des
14. Jahrhunderts begegnet es selten: *neveu* Langt. I 80, 82;
seul Wadingt. 129; *seigneur* Langt. App. I 404, 414, 420,
Lat. Poems 294; *honeur* Langt. App. I 396; *oe: poer* (pavo-
rem) Wadingt. 877. Häufiger findet sich continentales *eu* in
den Urkunden und zwar aus allen Teilen Euglands.

Neveu Rymer III 759 (Orig.); *seigneur* Rymer III 23
(Orig.), 37 (Orig.), 419 (Orig.), 420 (Orig.), 750 (Orig.);
North. Regist. 334 (Orig.), 391; *seigneurs* North. Regist. 390,
391; *sieur* North. Regist. 413; *honeur* Rymer III 420 (Orig.),
759 (Orig.); *honeurs* Rymer III 758 (Orig.); *conservateurs*
Rymer III 423 (Orig.); *heures* Rymer III 319 (Orig.); *suc-
cesseurs* Rymer III 758, 759 (Orig.); *pluseurs* Rymer III 419
(Orig.); *leurs* Rymer III 759 (Orig.); *leur* Y. B. VI 29 etc.

Betrachten wir *o* im Einzelnen:

Im Auslaut und vor Vokalen begegnet nicht selten
ow (wie im Me.) und *w: low* (lupus) Langt. II 246; *Paytowe*
Langt. I 18; *trwe* Langt. I 68; *Lowys* Lettr. d. Rois 34.

Vor Nasalis: *soun* (sönat) (: confusioun) Langt. I 358;
baundon (: regioun) Langt. I 44; *tresun* (: achesoun) Langt. I
226. Zu erwähnen ist der Reim *resun* mit dem englischen
Wort *Hontydon* Langt. II 190. — Suffixvertauschung liegt
vor in *clergoun* (Geistlicher) Langt. II 6.

Vor *r: houre* Langt. I 74. *hures* Y. B. VI 11, *hure*
Y. B. VI 459. Das Substantiv hat im Anglonormannischen
stets *ǫ*, die Composita *ρ* (Koschwitz Überl. pag. 28): *unkore*
Langt. I 20, 28; Rymer I 998 etc.; ebenso *ore* Langt. I 10,
20, 24, 84; *deshore* Langt. I 70. — *ρ* hat im Altfranzösi-
schen gewöhnlich *demorer*, vgl. Förster Rom. Stud. III 182;
sporadische Diphthongirung dagegen im Psalter, womit ziem-
lich häufig sich findendes *moert* Y. B. III 289; *demoert* Lettr.
d. Rois 34; *demoergent* Rymer I 916, III 420 etc., endungs-

betont *demoergons* Rymer III 420 im Einklang stehen. — Suffixvertauschung: *primour* (:valour) Langt. I 350, II 216; *successyrs* North. Regist. 430.

Vor Nasalis + Cons. hat ρ die 1. Pers. Plur. der Verben: *volums* (:regiouns) Langt. I 212 ff.; *fussoums* (:resouns) Langt. II 24; *orroums* (:barouns) Langt. II 236 ff.; *deuum* (:surnum [sbst]) Wadingt. 4; *dirroums: aoroums: responoums* (:mesouns) Langt. I 100 ff.

Vortonisches *u* vor Vokalen erscheint nicht selten als *ow: cowarde* Langt. I 18 (Diez Wb. I 102); *wowayt* Langt. II 276; in den Urkunden: *awowé* Y. B. III 273; *awowesouns* Y. B. VI 551; *awoweson* Y. B. III 25; *dower* Y. B. III 247; *allowance* Y. B. III 235, Rymer III 319; das Gewöhnliche ist indessen *ou: couardye* Langt. II 282 etc.

In unbetonter Mittelsilbe: *volantee* Rymer III 662, wo für gewöhnliches aus *ŭ* geschwächtes *e a* eintrat. — Sonst zeigt sich Schwanken zwischen *o, ou, u.* —

Ü.

U = klass. lat. *ū* wird mit *u* = lat. *ŭ, ŏ* im Reime gebunden und auch in der Schreibung oft als *o, ou* dargestellt. *purvou* Langt. II 48; *plus* (:merveyllus) Langt. I 4; *tenuz* (:touz) Langt. I 66; *revenuz* (:trestuz) Langt. I 384; *chescoun* Langt. I 108; *chescuns* (:barouns) Langt. II 320; *alcuns* (:achesouns) Langt. II 322; *mour* Langt. II 84; *mours* Langt. II 84; *creature* (:ahure) Langt. II 378; *figure* (:houre) Langt. II 378; *sure* (:hure) Langt. II 378; *josques* Langt. II 308. In den Urkunden: *receou* Rymer I 949; *comon* Y. B. III 5; *acon* Y. B. III 231, 237, 261; *ascon* Y. B. III 273; *ascone* Y. B. III 279; *checon* Y. B. III 259; *chescon* Y. B. III 77, 281; *chescone* Y. B. III 265. — Vgl. auch in der Blonde d'Oxford: die Jargonformen *fou, fout*; Beispiele von *o, ou* für lat. *ū* in andern Jargongedichten s. Fr. Stud. V 2, 120. — Zum Anglonormannischen des 12. Jahrhunderts vgl. z. B. Hammer l. c. 19; Vising l. c. 72. —

Wadington reimt einige Male *u* (lat. *ū*) mit *i: lune*

(: fantisme) 72; *furent* (: distrent) 99; *conust* (: vist) 379; wozu die Bemerkung Vising's pag. 72, sowie Uhlemann l. c. 578 zu vergleichen sind. Zum Me bemerkt Behrens 120, dass fr. *ü* in offner Tonsilbe dialectisch verschieden lautete, dass in Texten des Südens und eines Teils des Mittellandes *u* (nfrz. ü) nicht mit *o, ou* wechsele, in nördlichen Texten dagegen *u* neben *o, ou* nicht selten begegne. Dieselbe Beobachtung kann man für das Anglonormannische des 14. Jahrhunderts machen; in südlichen Urkunden ist mir die Schreibung *o, ou* für lat. *ū*, wenigstens in betonter Silbe, nicht begegnet.

Auf umgekehrter Schreibung beruht *ui, uy* statt *u*, zumeist vor *s*: *pluys* Langt II 356; häufiger in den Urkunden: *pluis* Rymer II 1143; III 395, 435, 663, 895, 915, 931, 954; Lettr. d. Rois 134; Liber Costum. 227, 281, 379, 381, 387, 471; North. Regist. 412; *suis* Rymer III 619, 620; *suys* North. Regist. 434; *suisdite* Rymer III 223; *suisdites* Liber Costum. II 460, Rymer III 964; *desuis* Rymer III 915; *dessuisdit* Rymer III 1053; vor *t*: *fuit* (lat. fuit) Y. B. VI 463; *fuyt* Y. B. VI 645; vor *n*: Lib. Costum. 66, 80; vor *st*: *fuist* North. Regist. 407 etc. — *ui* für *u* begegnet bereits im Brandan 843: *pluis*; vgl. Hammer l. c. 23; auch continentalfranzösischen Mundarten ist diese Schreibung bekanntlich nicht fremd.

Vortonisches *ü* als *o, ou* in: *plosurs* Langt. II 376; *homanité* Langt. I 160; *jorer* Langt. I 324, II 126; *joré* Langt. I 36, 134, 222; *jorez* langt II 4, 132. In den Urkunden: *soerté* Y. B. VI 139; auch in südlichen in den gelehrten Wörtern *poublié* (Westm. Orig.) Rymer III 419; *poublique* (Westm. Orig.) Rymer III 420, 663.

Diphthonge.

Ai.

Betontes *ai* entspricht:
1) lat. freiem *a* vor Nasalis. 2) lat. *a + i*.
Ueber den Wechsel zwischen *ai, ay* gilt das unter I Be-

merkte. — Selten tritt im Langtoft für *ai ei* ein, während in den übrigen Denkmälern *ei* für *ai* das Gewöhnliche ist. Vgl. *ei.*

Im Auslaut und vor Vokalen begegnet *ai* im Reim mit *ei* nicht selten: *averay: fray* (:ray: fay) Langt. I 402; *ay: ray: may* Langt. I 246; *marieray: cray* Langt. I 34; *abbaye* (:*vaye*) Langt. II 116; *delay* (:*lay*) Langt. I 404 etc. — In der Darstellung wird *ai* (ay) wie im Me. bevorzugt, selbst in Hss., die sonst gewöhnlich *ei, e* für *ai* eintreten lassen. *delai* Y. B. VI 517; *ay* Pol. Songs 232 etc. Ausnahmen sind indessen nicht selten: *voldrei* Y. B. VI 7; *neye* (non habeo) ib. 257; *je ey* [3 Mal] ib. 289; *ney* ib. 313; auch *oi* begegnet gelegentlich: *seiseroy* Langt. App. II 428; *ferroi* Y. B. VI 313. Der Anban hat im Wortauslaut durchweg *ai:* Uhlemann R. St. IV 579.

Vor auslautendem *t* findet sich neben *ai* ganz gewöhnlich *ei, e, ee, ea* (Zu *ee, ea* vgl. unter *e* pag. 16, 18); im Reime wird es mit *ei* gebunden; der Lautwert ist *ẹ: surfayt: esplayt: bait: crayt: estrayt* Langt. II 242; vgl. Langt. I 122, 146—148, II 214, 296, 316 etc. *set* Langt. I 6; *seet* Langt. I 64, 66, 70; Langt. App. II 444; *vet* (vadit) Wadingt. 13; *fet* Langt. I 2, 8, 10, 12, 20, 30, 42, 48, 58, 64, 66; *feet* Langt. I 68; *meffet* Langt. II 182; *fete* Langt. I 26. — *feet* Y. B. VI 209; *feat* Y. B. VI 487; *feats* Y. B. VI 415; *feite* Rymer II 203. Zu bemerken ist: *hiet* = nfrz. *hait* Wadingt. 112 als umgekehrte Schreibung. — Monophthongirung vor Dentalen zeigt sich bekanntlich im Anglonormannischen schon früh. Ebenso früh begegnet monophthongische Aussprache des *ai:*

Vor *s:* Benoit de St. More reimt *pes* (pacem): *apres* Chr. I 971; *paleis* (:press) II 701; vgl. Settegast: Beneït von Seinte More pag. 23. Einige Belege aus Texten des 14. Jahrhunderts sind: *palays: lays: rays* Langt. I 476; *pes* Langt. I 50, 64; *pees* Langt. I 28, 38, 46, 54, 56, 60, 80, 82, 156, (:apres) Langt. I 30; *mes* (:pres [pressum]) Langt. I 32; Wadingt. 12; *james* Wadingt. 168; in den Urkunden: *pees* Y. B. VI 55, Lettr. d. Rois 185, 283; *mees* (ma[n]sio)

Y. B. III 219; *relees* Y. B. VI 217; *james* Lettr. d. Rois
132; *plese* Lettr. d. Rois 118; *plcase* Liber Costum. II 459,
461, 463, 465, 470, Rymer II 1143; *desplease* Rymer II 1143;
meas Lettr. d. Rois 79. *a: plase* Rymer III 291; die auch
vor andern Konsonanten ziemlich häufig eintretende Schrei-
bung mit *a* ist in der Weise zu erklären, dass, wie in an-
dern Fällen (vgl. a, e) *a* und *e* nicht selten mit einander
wechselten; so auch hier *a* eintreten konnte, nachdem *ai* zu *ę*
monophthongirt war.

Vor einfacher Nasalis sind *ai, ei* die gewöhnliche
Bezeichnung, wie in anglonormannischen Texten des 12. und
13. Jahrhunderts. Vgl. z. B. Schumann Cambr. Ps. 17;
Rolfs: Rom. Forschungen I 208; Uhlemann Rom. Stud. IV
579. *humaigne* Langt. App. II 438; *veyn* Pol. Songs 232
etc. Daneben begegnet im 14. Jahrhundert *e* im Wechsel
mit *a: humene* Wadingt. 131, 415, 417, 434; *publican* Wa-
dingt. 361; häufiger in den Urkunden: *semenes* (in 2 Urkunden
Westminster 1357) Rymer II 454; *capitene* Rymer III 359
(Westm. 1357), Lettr. d. Rois 114 (Westm. 1357); *capitan*
Rymer III 324 (Baumburgh 1356), 469 (Westm. 1360), 658
(Westm. 1362); Lettr. d. Rcis 182 (Westm. 1373); *capitanes*
Lettr. d. Rois 190 (Westm. 1372—73); *serten* (certain) Lettr.
d. Rois 233. Die Schreibung *e, a* begegnet, soweit ich sehe,
ausschliesslich in östlichen und südöstlichen Texten; es ist
mir daher wahrscheinlich, dass in diesen Gegenden wenig-
stens facultativ vor Nasal im 14. Jahrhundert monophthon-
gische Aussprache eingetreten war.

Vor *r* ist monophthongische Aussprache durch die Reime
bezeugt. In der Darstellung begegnen ai_1 ei_1 e_1 ee_1 ea_1 a
neben einander. *contrere* (:terre) Langt. II 138—140; *fere*
(:terre) Langt. I 72—74; *feere* Langt. II 376; *trere* (:tuer)
Langt. I 442, (:requere) Langt. I 16; *retrere* (:gwere) Langt.
I 16, (:terre) Langt. I 72; *affere* Lat. Poems 292; *afferes*
Langt. App. I 390; in den Urkunden: *vikaire* Y. B. VI 595,
viker Y. B. VI 595, *vikare* Y. B. VI 597; *Januer* Rymer
III 28; *contrere* Lettr. d. Rois 171; *contrare* Y. B. VI 511,
653; *ordinare* Y. B. VI 599; *adversare* Y. B. III 119, VI

513; *pleare* Rymer II 1143. — Aus älteren Texten vgl. *fere*
(:terre) Josaphaz 675; *afere* (:requerre) ib. 841; *fere* (:re-
querre) ib. 905. Adgar 43, 130: *repaire* (:terre) (Rolfs 209).
Vgl. auch Uhlemann l. c. 579. —

Vor *s* + Cons. ist *ai* schon früh monophthongisch ge-
worden. Bekannt sind aus dem Computus die Reime: *maistre*
(:Silvestre) 485; *paistre* (:beste) 1427, 1775; Chardry reimt:
mestre: estre Jos. 705, *nestre* (:estre) Petit Plet 607. In den
Adgarlegenden werden gebunden *naistre : estre*, *maistres: ho-
nestes* vgl. Rolfs l. c. 209. Aus Texten des 14. Jahrhunderts
vgl. *pestre* (:senestre) Langt. I 486; *pest* (:forest) ib; *a:
nastre* Rymer III 663 (Orig.); es scheint also auch hier *a*, da
es mit *e* wechselt = *ä* (*ę*) gebraucht zu sein; vgl. oben: *ai*
vor *s*.

Vor Nasalis + Cons. wird noch gewöhnlich *ai, ei* ge-
schrieben; vgl. *seint* Langt. II 310; *seintes* Rymer I 924 etc.
Vereinzeltes *greindre* (grandior) (:prendre) Wadingt. 34 deutet
auf monophthongische Aussprache bei Wadington hin.

Nicht betontes *ai* erfährt dieselbe Behandlung wie be-
tontes. Zu erwähnen ist folgendes: Vortonisches *ai* er-
scheint, wie in älteren agn. Texten nicht selten als *a* (vgl.
z. B. Hammer l. c. 22; Uhlemann 580): *paen* (paganus) Wa-
dingt. 289, 382, 383, 409; Langt. I 240, 260, 330, II 42,
92, 94, 100 etc. *paens* Langt. I 100, 104, 152, 218, 228,
232, 300, 302, 310, II 72; *paer* Wadingt. 235, North. Regist.
27; *paé* Wadingt. 218, 306, North. Regist. 28; *esmaez* Wa-
dingt. 218; *naé* Langt. II 36; *naez* Langt. I 150, II 74, 102,
178; *naer* Langt. II 72. Vgl. Koschwitz: Ueberl. 580.

In unbetonter Mittelsilbe: *i: conjurisoun* Langt.
I 12 etc.

II. Zu *ai*, das sich in den Endungen *-alie, -anie* durch
Attraction des *i* in die Tonsilbe entwickelte, vgl. Koschwitz:
Überl. 26, Neumann: Laut- und Flexionslehre pag. 30:
Vor *ñ* (vgl. Consonantismus) wird *ai* mit *ei* im Reim gebun-
den: *Brettayne: payne* Langt. I 52; *Aquitayne: Espayne:
feyne* Langt. I 16 etc. Daneben begegnen viele Formen, wo
das ursprüngliche nachtonische *i* unattrahirt blieb und Träger

des Tones wurde. *Brettaynye: Syrye* Langt I. 182—184;
Aquitanye: sevelye Langt. I 220 etc. Vgl. Rolfs l. c. 210;
Uhlemann 567.

Vor *l* werden, nachdem die Moullirung des *l* aufgegeben,
ai und *ei* im Reim gebunden und weisen so auf früheren
Diphthongen zurück. Vgl. die oft citirten Beispiele aus Lang-
toft: *batayll: vaylle: apparaille* Langt. I 118. *travaylle:*
counsaylle Langt. I 478. *aylle: muraylle: mountaylle: counsaylle*
Langt. I 244—246; *batayll: counsaylle* Langt. II 244; *tra-*
vaylle: mervaylle Langt. II 246. Dazu *oraille: esposaille* Lat.
Poems 393; *faille: merveille* Wadingt. 247. Auch hier be-
gegnen Formen mit nicht attrahirtem *i*. *I'tallye* (:edifye)
Langt. I 216—218.

Erwähnt seien hier noch die Wörter mit der lat. Endung
-arius, die im Französischen in nicht volkstümlichen Wörtern
-aire entwickelte; im Anglonormannischen wird das ursprüng-
lich unbetonte *i* sehr häufig nicht attrahirt: (Vgl. *ie*) *con-*
trariement Langt. I 306; *contrarie* Y. B. VI 79, 537; *con-*
trari Lettr. d. Rois 222. — Zwei Mal ausgedrückt ist *i* in
bestiairies Rymer II 1038. —

Ei.

Ei geht zurück: 1) auf lat. *ē* in offner Silbe. 2) auf lat.
ē + i.

Für *ei* tritt im Langtoft sehr häufig die Schreibung *ai*
ein z. B. pag. 1—50 unter 75 Fällen 65 *ai* und nur 10 Mal
ei, während in den übrigen Denkmälern (z. B. in Wadington
pag. 1—30 unter 90 Fällen 88 *ei* und 2 *ai*), besonders aber
in den Urkunden *ai* für *ei* verhältnismässig selten zu ver-
zeichnen ist. Für den Wechsel von *ei, ey* gilt das unter I
Gesagte.

In den continentalfranzösischen Dialecten entwickelt sich
ei zu *oi* seit der Mitte des 12. Jahrhunderts. Dem Nor-
mannischen ist diese Entwickelung fremd. — Der Cambrid-
ger Psalter hat nur 2 *oi* nach Suchier: Zs. I 571; von den
Hss. des Computus haben nur C. und A. [aus dem 12.
Jahrhundert] vereinzelt *oi* (Mall. pag. 60); im Auban begegnet

oi oft; neben 3 maligem *mei* steht 20 Mal *moi,* neben 16 ma-
ligem *lei* 5 Mal *loi* nach Uhlemann 581; die Hs. der Karls-
Reise hat nur 3 *oi.* — Unsere Texte des 14. Jahrhunderts
verhalten sich verschieden. Der Langtoft bietet wenig Bei-
spiele von *oi* für *ei;* z. B. pag. 1—50 unter 78 Fällen nur
3 Mal *oi;* Wadington pag. 1—30 unter 97 Fällen 7 *oi;* das
Pol. Songs 231—236 publicirte Gedicht dagegen unter 14
Fällen 10 Mal *oi.* In den Year Books begegnen (Band
VI pag. 1—15) unter 72 Fällen 46 *ei* und 26 *oi;* in den Ur-
kunden findet sich *oi* in überwiegender Mehrzahl; folgende
Zahlen mögen zur Veranschaulichung dienen. Urkunde 1326
Hull (Orig.) North, Regist. 334—335 unter 7 Fällen nur *oi.*
Urkunde 1333 Burgh Orig. Rymer II 853 unter 5 Fällen 4
oi. Westminster 1345 Orig. Rymer III 37: 15 Fälle, sämt-
lich *oi.* Baumburgh 1356 Orig. Rymer III 319 unter 59
Fällen 49 *oi.* Westminster 1357 Lettr. d. Rois 113—115
unter 9 Fällen 6 *oi.* London 1364 Orig. Rymer III 759:
17 Fälle, sämtlich *oi.* Kennington 1377 North. Regist. 5 Fälle,
sämtlich *oi.* Westminster 1379 Lettr. d. Rois 205—206: 13
Fälle, sämtlich *oi.* Dover 1396 Orig. Lett. d. Rois 290:
13 Fälle, sämtlich *oi.* Es haben sich also hier die continen-
talfranzösischen Formen Eingang verschafft. Bemerkt sei
noch, dass in den poetischen Texten *oi* mit sich selbst, mit
gelegentlich für *ai* eintretendem *oi,* sowie mit *ei* im Reim ge-
bunden wird. Vgl. *moy: loy* Pol. Songs 234; *moy: ploy*
(placitum) Pol. Songs 234; *voit: perieit* Langt. App. I 386;
tenoit: feseit Langt. App. I 390. —

Betrachten wir jetzt *ei* im Einzelnen:

Im Auslaut und vor Vokalen: *ai, ei, oi* sind die ge-
wöhnliche Bezeichnung: *fay* (fidem) Langt. I 68; *layes* Langt.
I 42; *may* Langt. I 34; *quai* Langt. I 2; *quay* Langt. I 62;
moy Pol. Songs 234; *Roi* Y. B. VI 5; *quei* Y. B. VI 3, 5
etc. Selten Monophthongirung zu *e: Mone* Langt. II 186,
280, wo vielleicht Angleichung an die zahlreichen Substan-
tiva auf *e* (lat. atem) vorliegt.

Vor *s (z)* war *ei,* wie die Reime und Schreibungen be-
weisen, monophthongisch: *dees* (discus) (:apres) Langt. I 54;

fez (:esposez) Langt I 236, (:parentez) Langt. I 304; _totte-feez_ Y. B. III 207. Zu merken: _fiez_ (vice) Rymer II 275, North. Regist. 225; die Form lässt sich in der Weise erklären, dass nach Verengung des _ei_ zu e als umgekehrte Schreibung gelegentlich _ie_ eintreten konnte; vgl. _ie. oe: foes_ Rymer III 37.

Vor einfacher Nasalis begegnen _ei, ai_ neben einander: _vaines_ (vena) Langt. App. II 442; _sein_ (sinus) Wadingt. 208; _playn_ Rymer III 631. _oi: royne_ Y. B. VI 123; _roine_ Rymer I 998; _Roygne_ Rymer II 628; _e: rene_ Langt. I 64 [nur in Hs. A.].

Vor _r_ wird häufig _e, ee_ neben _ei, ai, oi_ geschrieben: _her_ Liber Costum. II 469; _heers_ Y. B. VI 407 neben _hoirs_ Rymer III 750; _maner_ (manerium, nfr. manoir) Y. B. VI 59. — _ver_ (videre) Langt. II 182, _vere_ Wadingt. 51; _voler_ (:parler) Langt. I 138; _aver_ (:mer) Langt. I 228, 376, II 306; bei den letzten Beispielen wirkte zugleich Analogie an die _a_ Konjugation.

Hervorzuheben sind noch: _manir_ Y. B. VI 635, _savir_ Y. B. VI 613; _avir_ Y. B. VI 635, die sich an die Verben auf -_ir_ angeglichen haben.

Vor gedeckter Nasalis ist zu beachten _meindre_ (:prendre) Wadingt. 22; sonst begegnen mir nur _ei, ai: feynt_ Langt. I 54; _ceynt_ Langt. I 152; _deynz_ Y. B. VI 323; _meyns_ Y. B. VI 253; _nientmains_ Rymer III 336; _destraindre_ Rymer III 401.

Zu vortonischem _ei_ ist zu bemerken: _drietures_ Rymer II 47; vgl. betontes _ei_.

II. _ei_ vor erweichtem _ñ_ und _l̃_; siehe ai. Unter dem Haupton begegnet _i_ neben der Darstellung mit _ei, ai: mereville_ Y. B. VI 621; _ie: consiel_ Rymer II 848. Vortonisches _ei: ie: siegnur_ Wadingt. 96, _i: signur_ Rymer II 511; _descunsillé_ Wadingt. 230; _enmeruillé_ Wadingt. 59.

IE.

_IE_ geht zurück 1) auf lat. _ĕ_ in offner Silbe, 2) auf lat.

a in der Endung *-arius, a, um,* 3) lat. *a* unter Einfluss einer
vorhergehenden Palatalis oder eines *i*.

Der Diphthong *ie*, der schon im Normannischen zum ů > e
Untergange neigt (Koschwitz Überl. 42) verschwindet im An-
glonormannischen vollständig aus der Reihe der gesprochenen
Laute; er entwickelt sich zu *e*. Doch ist in der Schrift neben
e die Shreibung *ie* nie ganz verschwunden; das ganze 14.
Jahrhundert hindurch begegnet es in den Urkunden häufig. —
In den Adgarlegenden herrscht grosse Willkür nach Rolfs
l. c. 216; im Auban ist die Schreibung *e* ziemlich consequent
durchgeführt; vgl. Uhlemann l. c. 589.

Im Langtoft ist *e* auch in der Schrift fast überall ein-
getreten; beliebt ist *ee,* das nach Stürzinger als Nachstufe   *ie* > *ee*
von *ie* zu betrachten ist; vgl. o. pag. 16. Unter 69 Fällen (pag.
1—50) begegnen im Langtoft 51 *e*, 18 *ee*, kein *ie*. Wading-
ton hat unter 120 Fällen 62 *ie*, 58 *e*. Das Pol. Songs 231
bis 236 publicirte Gedicht hat unter 12 Fällen 5 *ie*, 7 *e*.
Etwas anders gestaltet sich das Verhältnis in den Urkunden
und offiziellen Aktenstücken. In den Year Books VI (nach
Zählung von pag. 305—335) 69,16% *e*, 30,84% *ie*. Ur-
kunde von 1307 aus „Cantebir" datirt, Rymer II 25, hat unter
9 Fällen 9 *ie*, kein *e*. Rokesburgh 1332 (Orig.), Rymer II
847, unter 10 Fällen 9 *ie*, 1 *e*. Burgh 1333 (Orig.), Rymer
II 853, unter 7 Fällen 4 *ie*, 3 *e*. Westmonster 1345, Rymer
III 44, unter 10 Fällen 6 *ie*, 4 *e*. Durham 1347, North.
Regist 390—92, unter 9 Fällen 4 *ie*, 5 *e*. Baumburgh 1356
(Orig.), Rymer III 319, unter 9 Fällen 9 *ie*, kein *e*. West-
monster 1357, Lettr. d. Rois 113—115, unter 14 Fällen 13 *ie*,
1 *e*. London 1364 (Orig.), Rymer III 759, 6 Fälle, sämtlich
ie. Kennington 1377, North. Regist. 412—413, 6 Fälle, 2 *ie,*
4 *e*. Westmonster 1396, Lettr. d. Rois 282: 12 Fälle, davon
9 *ie*, 3 *e*. Wie aus diesen Zahlen ersichtlich, hat in den
meisten Urkunden in der Schrift *ie* entschieden das Ueber-
gewicht über *e*; fraglich ist, ob das kontinentalfranzösische
ie sich in England Eingang verschafft hatte, oder ob histo-
rische Schreibung anzunehmen ist. Die auffällige Häufung
von *ie* in den Urkunden liesse sich vielleicht in der Weise

erklären, dass die Schreiber der königlichen Kanzleien bemüht waren Anglonormannismen zu vermeiden und ihre Sprache der francischen Schriftsprache möglichst anzupassen.

Neben gewöhnlichem *e, ee, ie* begegnen in unsern Texten vereinzelt Formen mit *i*: *estiz* Y. B. VI 115; *fible* (flĕbilis) Rymer III 915; *manire* (nfr. manière) Rymer I 937; *matire* Y. B. VI 217, Lettr. d. Rois 238; *matires* Lettr. d. Rois 240; *chir* Lettr. d. Rois 289; *treschire* Rymer II 25. (Suffixvertauschung: *primour* Langt. II 40, Y. B. III 409). — *i* für *ie* begegnet auch im Me. Behrens 147 vermag in dieser Erscheinung continentalen Einfluss nicht zu erkennen, vielmehr ist er der Ansicht, dass wir es hier mit einem specifisch englischen Lautübergang zu thun haben. Zum früheren Anglonormannischen vgl. Rolfs l. c. 214. —

ie > ei

Zu beachten ist, dass für *ie* nicht selten *ei* geschrieben wird: *cheit* (cadit) Y. B. VI 601, *ceil* (coelum) Wadingt. 310; *crestein* Wadingt. 401; *rein* Rymer I 1009; *meiltz* Rymer III 467; *cheirs* Rymer II 541; *jeo teinks* Rymer III 332. *ei* für *ie*, das bereits die Hs. L. (Ende des 12. Jahrhunderts) der Brandanlegende (vgl. Hammer l. c. 25) zeigt, und das auch continentalfranzösischen Texten nicht unbekannt ist, lässt sich auf folgende Weise erklären: unbetontes etymologisch berechtigtes *e* war vor haupttonischem Vokal längst verstummt, in der Schrift dagegen hielt es sich ziemlich lange, und es konnte sich deshalb auch dort bisweilen ein *e* einstellen, wo es etymologisch nicht berechtigt war; vgl. z. B. unter I Formen wie *deyse, moleyn, feille*. Es scheint daher die Annahme nicht unmöglich, dass auch in *chire* etc. vor *i* = *ie* ein parasitisches *e* sich einschleichen konnte, so dass in Wirklichkeit gar nicht die bekannten französischen Formen „mit dem Nachlaut *i*" vorliegen, sondern einfach *i* = *ie*. Was nun dieses *i* = *ie* anbetrifft, so bemerkt Behrens l. c. 147: „Auch ist

i > e

nicht zu übersehen, dass älteres *i* im Me. z. T. einen sehr offnen, dem geschlossenen *e* so nahestehenden *i* Laut bezeichnet hat, dass dafür häufig *e* sich geschrieben findet, woneben

dann *i* für sehr geschlossenes *e* in me. Hss. als umgekehrte
Schreibung sich erklären liesse." Dass diese offene Aussprache
des *i* auch dem Anglonormannischen eigentümlich war, be-
weisen Formen wie *detes* = *dites* etc. (vgl. *i* pag. 21), die
sich in dieser Weise wohl erklären lassen.

Ue.

Für *ue*, das auf lat. *ŏ* in offner Tonsilbe, ausser vor
Nasal, zurückgeht (vgl. Förster Rom. Stud, III 174, Strauch:
lat. *ŏ* in der normannischen Mundart Halle 1881) begegnen
verschiedene Schreibungen; *ue, eu, oe eo, e, ee, u, ou* treten
neben einander auf. — *ue*, das sich über *ué* zu *e, ee* ent-
wickelt, wird mit *ę* im Reime gebunden: *quer* (:mer) Langt.
I 62, II 306; (:aler) Langt. I 64—66; (:parler) Langt. I
138, II 238—40; (:chuvaler) Langt. I 222; (:maunder)
Langt. I 340; (:prier) Langt. I 376—78; (:ler) Langt. I
490; (:trevolunter) Langt. II 272; *puet* Y. B. VI 145; *nuef*
(novem) Rymer III 462; *cuer* Rymer II 64; *queers* Rymer
II 736; *beffs* Y. B. III 81; *nef* (novem) Langt. I 310. *eu:*
peuple Y. B. III 189; *veulle* Rymer III 663; *oe: voet* Y. B.
VI 59; *hoes* (opus) Langt I 366; *soer* (soror) Langt. II 40,
42, 50, 52, 54, 74; Y. B. VI 37; *poeple* Y. B. VI 549,
Rymer II 114; *reproeche* Liber Costum. I 281. *eo* findet sich
im XIV. Jahrhundert sehr oft, ausser in den den von
Strauch angeführten Hss. begegnet es noch in den Adgar-
legenden; vgl. Rolfs 212. *qeor* (:blamer) Wadingt. 49;
(:espuser) Wadingt. 54; (:trouer) Wadingt. 172; s. Stür-
zinger: Orthogr. gallica 44; *veot* Y. B. VI 339, 515; *veolt*
Y. B. III 405; *peot* Lettr. d. Rois 81; *neof* (novem) Rymer
II 203, Y. B. III 33; *beofs* Y. B. VI 289; *queor* Rymer II
64; *people* Lettr. d. Rois 333; *seor* Rymer II 203. *u*, das
im Me. vorwiegend aus westlichen und südwestlichen Hss.
sich belegen lässt, begegnet selten. *immubles* Rymer I 937
(Linliscu, Norden); Lat. *locus, focus, jocus* zeigen verschiedene
Formen: *leu* Langt. I. 176, (:vertu) Wadingt. 68, 186; Y.
B. III 19; Rymer I 1010; *lou* Langt. I 122; *lue* Langt I 62;
lu (:fu) Langt. II 372; *lyu* North. Regist. 246; sehr häufig,

besonders in den Year Books continenentales *lieu* z. B. Y.
B. VI 367 etc.; North Regist 226, 314. — *feu* (: deceu)
Wadingt. 423; *fu* Langt. II 80, 234; *ju* (: perdu) Langt.
I 30.

Oi.

I. *ǫi* geht aus lat. *au* + *i* hervor und wird in den Hss.
regelmässig durch *oi* bezeichnet. Z. B. *oy* (audio) Langt.
I 60, 72; *joye* Langt. I 4, 12, 48, 56; *yoye* Langt. I 20;
poi (paucum) Wadingt. 4; *oyt* (audit) Langt. I 76, 86.

II. *ǫi* geht hervor aus lat. *ō* + *i*, *ŭ* + *i*, *ŏ* + *i* vor
Nasal. Geschrieben wird meist *oi*, seltener *ui*, vgl. Kosch-
witz Überl. 38; Uhlemann l. c. 585; Rossmann: Fran-
zösisches *oi*: Rom. Forsch. I 145 ff. Es folgen einige Belege:
Im Ausl.: *Troye* Langt. I. 2, 6, 12, 14. Vor *s*: *boys*
Langt. I 28, 54; *croice* Langt. I 68; vor Nasalis: *Burgoyne*
Langt. I 44; *Auntoyne: besoyne: Gascoyne: karoyne : Bur-*
goyne: poyne (pugnum): *coyne* Langt. II 202; *gn: temoygne*
Langt. I 10; *testmoigne* Y. B. III 137; *matrimoigne* Lettr.
d. Rois 219, *matremoigne* Rymer III 663; *chanoign* Rymer
III 663; *moigne* (monachus) Rymer I 440, Y. B. VI 21;
moingne Wadingt. 402, 403; vor *ss: angusse* Langt. I 38;
vor gedeckter Nasalis: *loynz* Langt. I 6, 60; *loynce*
Langt. I 12, *joynt* Y. B. III 81; *poinz* Y. B. III 133;
joint (: point) Lat. Poems 294.

Ui.

Franz. *üi* = lat. *ū* + *i* und lat *ŏ* + *i*.

Neben *ui* begegnet wie in älteren anglonormannischen
Texten einerseits *u*, andererseits *i*: *dedut* Langt I 282; *fute*
Langt I 18; *destrute* Langt I 2; *pus* Langt. I 22, 26, 74;
destrure Langt. I 62; *nure* Y. B. III 267. *i*: *cundye* (:*ī*)
Langt I 204, II 90; *quis* = coxa (Diez Wb⁴ 110) (: occys)
Langt. II 104.

Für *ui* findet sich gelegentlich auch *ou*, *oui*, wie für *ū ou*
eintrat; vgl. oben: *nout* (noctem) Langt. I 132; *nouyt* Langt. I
138 II 58, 66.

Konsonantismus.

Labiale.

P.

Intervokalisch begegnet für *p* in nebentonischer Silbe
die Gemination *pp*: *cappitaine* Lettr. d. Rois 158; *cappitaines*
Rymer III 759 (Orig.), *depputez* Lettr. d. Rois 158; *deppen-*
dences Rymer III 1025, 1041. In gedeckter Stellung
vor *t* ist *p* verstummt und wird demnach auch nicht mehr
geschrieben: *seet* Langt. I 58; *setyme* Langt. I 232; *setime*
Rymer I 924; Dagegen ist *p* in der Schrift wieder einge-
führt: *escript* Lettr. d. Rois 115, Rymer II 630; vor *r*: es-
cripre Lettr. d. Rois 285. Vor *n* nach *m* ist *p* oft einge-
schoben: *columpnes* (columna) Langt. I 14; *sollempnement*
Langt II 324; *dampner* Wadingt. 238; *dampné* Y. B VI 3.
Vor *l* geminirtes *p*: *peupples* Rymer I 937.

B.

Intervokalisch begegnet geminirtes b: *robbe* Langt. I
42. In gedeckter Stellung vor *s* hat sich *b* dem *s* assi-
milirt: *assoldre* Langt. II 6; *assous* Langt. II 222; *assouth*
Y. B. VI 69.

Vor *l*: *p* statt *b*: *puplier* Rymer II 1134, 1137. Gemi-
nirtes *b*: *dobble* Langt. II 90. Als Stützconsonant ist *b* aus-
gefallen: *semlable* Y. B. VI 243, wie im Picardischen; doch
ist zu bemerken, dass auch in nördlichen englischen Mund-
arten heute dieser Stützconsonant fehlt; vgl. Behrens 170.
Etymologische Schreibungen: *doubte* Rymer II 972; *doubtez*
Lettr. d. Rois 1157; *redoubte* Rymer III 662, 893; vgl. engl.
doubt; *doibt* (debet) Lettr. d. Rois 437; *debtes* Rymer II 1038;
debteur Rymer III 401; *debtes* Rymer II 1038, vgl. engl.
debt; *soubzmettre* Rymer III 401; *subjetz* Rymer II 521; vgl.
engl. subject.

F. Ph.

Für *ph* tritt wie im Me. und in älteren anglonormannischen Texten, namentlich in gelehrten Wörtern und Eigennamen, *f* ein: *farisen* Wadingt. 401; *blasfemé* Wadingt. 398; *Felippe* Langt. II 38, 308, 310, neben *Phlippe*.

Die Lettres des Rois zeigen im Anlaut oft *ff* für *f:* *ffacteurs* 485; *ffois* 483; *Ffraunce* 127, 296, 393; *ffyn* 297; *ffeverer* 132; *ffaire* 273, 274. — Für intervokalisches *f* in nebentoniger Silbe begegnet nicht selten geminirtes *f*: *deffendre* Langt. II 96; *indiffinité* Wadingt 312; in den Urkunden: *pontifficat* Rymer III 700; *prouffit* Rymer III 497; *prouffits* Rymer III 759; *deffinitives* Lettr. d. Rois 19, Rymer III 793; *reffuge* Lettr. d. Rois 284, 286; *certiffier* Lettr. d. Rois 399; *deffendre* Lettr. d. Rois 22, 285; *deffendast* Y. B. VI 187; *deffendront* Rymer III 926; *deffensables* Rymer II 580; *deffence* Lettr. d. Rois 234; *deffences* Rymer III 787 (Orig.); *deffense* Rymer III 926. Vor flexivischem *s* ist *f* wie schon im Auban (vgl. Uhlemann l. c. 598) verstummt, in der Schrift dagegen ist es oft wieder eingeführt: *nefz.* (:entrez) Langt. I 462; *futifs* (:enemys) Langt. II 226; dagegen *futys* (:pris) Langt II 104; *chaitifs* (:mys) Langt. II 76, (:suppris) Langt. App. II 438; *fez* = fiefs Langt. I 50, 60.

V.

Selten wird *v* mit *f* vertauscht, häufiger mit deutschem *w*. Im Anlaut: *wowayt* Langt. II 276; *wowé* Langt. App. I 396; *wnt* (veniunt) Langt. II 330; *ws* (vos) Langt. I 18, 34, II 6, 24, 38, 50; *wus* Wadingt. 399, 401; *wos* Y. B. I 103; *weint* (venit) Y. B. I 151. Inlautend zwischen Vokalen: *w*: *ewangelist* Langt. App. II 438; *ewangeiles* Rymer II 848; *ewangiles* Rymer III 663 (Orig.); *ewangilles* Rymer II 23; *ewangelist* Langt. App. II 438; *ewangels* Rymer III 102; *pursiwaunt* Y. B. VI 553; *sauwe* (cj. praes. von salver) Lettr. d. Rois 80. *f*: *ercefekes* North. Regist. 28, 29. Schwanken zwischen *f* und *v* in tönender Umgebung: *nefu* Langt. I 18 etc. neben *neveu* Langt. I 80, 82.

W.

Für altes germanisches *w* begegnet in unsern Hss. meist *gu* oder *g* wie in älteren anglonormannischen Texten; vgl. Koch: Chardry: XXXIV; Hammer: Brandan 35; Mall: Computus 94; Koschwitz: Ueberl. 74. Verhältnismässig selten begegnet *w*: *warde* Langt. I 18; *rewerdoné* Langt. II 10; *werpys* Langt. II 76; *wastent* Langt. I 88, 324, 354; *wasté* Langt. I 326, 336, 348: *wastiné* Wadingt. 57; *waigne* Langt. II 72; *wayne* Langt. II 2; *waynez* Langt. II 68; *waygnez* Langt. II 266; *waygné* Langt. II 112; *werpe* Langt. II 314; *waimenté* Wadingt. 179, 418. Aus älteren agn. Texten vgl. *werec* Brandan 1579 (Hammer 34); *eswarderai*, *eswardement*, *warde*, *warnissemenz* aus dem Cambr. Ps. vgl. Schumann Frz. Stud. IV 329.

So wie für *v* bisweilen *w* eintrat, begegnet gelegentlich für *w* *v*. *Vestm'*, = Westminster North. Regist. 430. — Nach *u* ist *w* eingeschoben: *tuwayt* Langt. I 24.

M.

Für *m* begegnet *n*: Vor *s*: *chauns* (campus) Langt. I 252; die Hs. der Karlsreise bietet ein analoges *pluns* 572 „worin *n* ein ursprüngliches *m* wegen der unbequemen Aussprache *ms* verdrängte"; s. Koschwitz: Ueberl. 49; aus dem Cambridger Psalter belegt Schumann 44: *chans*. Vor Labialen: *jaunbes* Pol. Songs 233; *homne* ib. 232; *remenbrer* ib. 236; *tenps* Y. B. III 183; die Hs. des Charlemagne hat: *enpeuerez*, *ensenble*, *enport*, *enpruntez*, wozu Koschwitz Ueberl. 48 bemerkt, dass an dieser Stelle Wechsel von *n* und *m* schon im ältesten Latein nicht selten sei. Im Auslaut: *noun* (nomen) Langt. I 358; *renoun* Langt. II 60.

Zum älteren Anglonormannischen vgl. Mall: Computus 77; Schumann Cambr. Ps. 44.

Ueber den Wechsel von *n* und *m* in continentalfranzösischen Mundarten vgl. u. a. Neumann: l. c. 73; Förster: Cliges Einleitung.

Dentale.

T.

Im Anlaut erscheint öfter *th* : *thour* Langt. I 4, 102, 368, II 66, 84, 182, 186, 258; *thorele* Langt. II 84; *thorment* Langt. I 330; *throne* Wadingt. 177; sonst ist *t* erhalten. Im Inlaut zwischen Vokalen begegnet einige Male geminirtes *t* : *ditte* Rymer I 974; *mattiere* Lettr. d. Rois 458; *auditteurs* Rymer III 700; *cittee* Rymer III 840; *tottefeez* Y. B. III 207. — Bemerkenswert ist der Uebergang in die Media: *pardysoun* Langt. I 428 Hs. A; die Hss. B. C. D. dagegen bieten das regelmässige *partysoun*; *soudan* (=Sultan) begegnet sehr oft, z. B. Langt. I 328; vgl. ne. *medal*. Im Auslaut unorganisches *t* in *toit* = toi Langt. App. I 390, das vielleicht durch das anlautende *t* des folgenden *tenoit* hervorgerufen wurde; *amyt* (:mist) Langt. II 344. Nicht geschrieben ist *t* in: *secre* (:reuelé) Wadingt. 16; *drois* Rymer III 665; die Media begegnet in *vaud* Y. B. III 337.

Nach Konsonant im Auslaut und vor flexivischem *s* wird die Dentalis oft nicht geschrieben oder wird zur Media. *nt*: *parens* Langt. I 92, Wadingt. 96; *comandemens* Wadingt. 1, 95, 425; *vens* Langt. II 80, Wadingt. 391; *vestemens* Wadingt. 148; *meouemens* Wadingt. 276; *reuelemens* Wadingt. 16; *tauns* Langt. I 406; *poins* Wadingt. 1, 13; *seins* (sanctum) Wadingt. 3; in den Urkunden: *sein* Y. B. III 319; *seyn* Y. B. VI 595; *suffisauns* Rymer II 109; *enchantemens* Lettr. d. Rois 234; *establissemens* Rymer III 401; *lieutenans* Lettr. d. Rois 190, 191; *tien* — tient Y. B. VI 591; *fon* Lettr. d. Rois 285; *taun*-ke Y. B. III 367, Lettr. d. Rois 22; *tan-que* Y. B. VI 25, 237; *tan* Lettr. d. Rois 205. *rt*: *pors* Langt. II 196; *mor* = mortem Y. B. VI 621; *Robers* Rymer III 142; *mord* Y. B. III 109; *Roberd* Rymer I 924. Die auslautende Tenuis verstummt sowohl bei vokalischem als konsonantischem Anlaut des folgenden Wortes. Vereinzelt begegnet Verstummung auslautender gestützter Dentalis bereits im Brandan; vgl. Hammer l. c. 34; öfter im Auban, Uhlemann l. c. 600. — Zum Continen-

talfranzösischen vgl. z. B. Formen aus dem lothringer Psalter
wie: *on, don, pesan, quan* (Apfelstedt XLI); Belege aus
me. Hss. s. Fr. Stud. V 172, wo auf eine Bemerkung
Storms Engl. Phil. I 297 in Betreff der Behandlung des t
in genuin englischen Wörtern der Vulgärsprache hingewiesen
wird. Im Wortauslaut nach *n* tritt oft unorganisches *t*
ein: *tyrant* Langt. App. II 426, 428, 430, 432; Rymer II 646;
tyraunt (:fesaunt) Langt. I 372; II 70, 174; *Normaunt*
Langt. II 218; *Normant* Langt. App. II 340; *garnisount*
(:resoun) Langt. II 26; *felount* Langt. II 20; *nent* Langt.
I 34; *nient* Y. B. VI 305; *fesaunt* Liber Costum. I 304;
jedenfalls liegt Suffixvertauschung vor; bekannt ist dieses *t*
älteren anglonormannischen, me., ne., sowie auch continental-
französischen Hss. (vgl. Förster Yzopet XXXV).

D.

Inlautendes *d* = lat. intervokalischem *d, t* in volks-
tümlichen Wörtern ist in unsern Hss. selbstverständlich ge-
schwunden. Im Auslaut vor *z* ist *d* = lat. isolirtem *d, t*
geschrieben in *bledz* = lat. ablata (Diez Wb.[4] 50 unter biado)
Rymer III 469, Y. B. VI 31. Anzumerken: *frad* = fera
Pol. Songs 231, *meud* (melius) Langt. I 144.

Im Inlaut nach *n* ist die dentale Media gefallen in:
responoums Langt. I 100; *responé* Y. B. III 261. Im Auslaut sel-
ten *n* = nd: *Edmoun* Langt. II 208; *Emoun* Langt. II 164.
Unorganisches *d* (vgl. zu *t*) begegnet: *Normaund* Langt.
App. II 410; *Simound* Y. B. III 393, 395. d + Cons.:
Unorganisches *d* begegnet vor *l: fidle* = filia Langt. App.
II 392. Vor *r* nach aufgelöstem *l* ist als Stützconsonant die
Tenuis statt der sonst gebräuchlichen Media eingetreten in
voutrons North. Regist. 430.

Zwischen *n* und *r* fehlt das stützende *d* in *tenra* Rymer
II 602. Zu der bekannten altfranzösischen Form *veindre* =
vincere Wadingt. 235, Langt. App. II 432; *vaindre* Langt.
II 164 vgl. Koschwitz's Kommentar pag. 72 ff.

Dž.

Zu der tönenden Adfrikata *dž* ist wenig zu bemerken. Im Anlaut vor *a, o, u* wird *j* geschrieben: *jadis* Langt. I 2, 14; *jammes* Langt. I 34; *joré* Langt. I 36. Vor *e, i* immer *g: getter* Langt. I 376; *geet* Langt. I 74; *gelusye* Langt. App. II 426. Im Inlaut: vor *u: ge: Angeou* Rymer III 621; vor *e: gg: juggement* Y. B. VI 257, 259; Rymer II 1143, III 768, 987 1040; Lettr. d. Rois 127, 333; *forsjuggez* Rymer III 954, 959; *forsjugger* Y. B. VI 293; *forsjuggé* Y. B. VI 255, 257; *ajuggé* Y. B. VI 231, 311; *ajuggez* Y. B. VI 253. *dg: judgment* Y. B. III 287; Y. B. III 287; *gadges* Rymer III 45.

S.

A) Stimmloses *S* = lat. *S.*

Im Anlaut begegnet für gewöhnliches *s c* in *cessaunt* (sexaginta) Langt. II 150; *ceu = su* Wadingt. 15; *ces = suos* Wadingt. 426. *sc: je scai* Lettr. d. Rois 234; *scel* (sigillum) Lettr. d. Rois 160; *scavoir* Lettr. d. Rois 158. — *s* für *ss* im Inlaut, das im me beliebt ist, scheint in unsern Texten nicht verwendet zu werden. Zu erwähnen ist *Meschines* (Messina) Langt. II 54. — Verstummt ist auslautendes *s* vor Konsonant; z. B. *tre* Wadingt. 38, 46; *vo = vos* Y. B. VI 637. Dass *s* vor folgendem Vocal wie im Neufranzösischen hinübergezogen wurde, beweist die Schreibung *le senfaunts* = les enfaunts Lettr. d. Rois 297, wenn kein Versehen des Herausgebers vorliegt. Konsonant + *s*: Inlautend nach *n* begegnet *c* in *pencion* Y. B. III 159; *concil* Rymer II 134; *responce* Lettr. d. Rois 240; nach *r: Perce* (= Perser) Wadingt. 292.

Im Auslaut nach *n* und *l* wird neben *s* oft *z* geschrieben: *melz* Langt. I 68, *meuz* Langt. I 18, 76; *gentilz* Langt. I 296 neben *gentils* Langt. I 466; *aunz* Langt. I 4, 6, 36, 48; *achesounz* Langt, II 322; *saunz* Langt. I 2, 22, 42, 64, 70, hier zugleich Differenzierung von *sens* nach Koschwitz Ueberl. 64; *ascunz* Lettr. d. Rois 333. Vgl. Koschwitz:

Commentar pag. 78. *rs:* Zu *succours* Langt. I 72 vgl. Uhlemann 605.

s + Konsonant. Im Inlaut vor Liquiden ist *s* früh verstummt; in der Schrift dagegen ist es in den anglonormannischen Hss. des 14. Jahrhunderts nicht selten erhalten. *mesmes* neben *memes* Langt. I 56, 58; *mesme* Y. B. VI 637; *mesmes* Rymer III 982; *meisme* Rymer III 970; *meismes* Rymer III 959, 963. Dass *s* hier stumm war, zeigen umgekehrte Schreibungen wie: *mesner* Rymer II 742; *amesner* Rymer III 742, 959, 982, 1004, 1053; *demesner* Rymer III 1076; *prismer* = primarius Lettr. d. Rois 179; *asmé* = amatum Lettr. d. Rois 170; *illeosqes* Lettr. d. Rois 182; *susmes* = sumus Lettr. d. Rois 302. Bevor *s* vor folgendem *l* verstummte, wurde es tönend und erzeugte nach sich in der Aussprache ein *d*, das in anglonormannischen Hss. nicht selten graphisch ausgedrückt wird; vgl. z. B. *pedles* = *pessulum* Cambr. Ps. Schumann l. c. 49. Aus Texten des 14. Jahrhunderts: *vadletz* Rymer I 994; *vadlet* Rymer III 746, dessen Entwickelung man sich etwa so vorzustellen hat: *vaslet, vazlet, vaz^dlet, vadlet;* ebenso: *ydle* (insula) Langt. I 232; *medler* Wadingt. 413; Langt. I 228, 248, 324; Rymer II 134; *medlé* Langt. I 4, II 106, 196; *medlez* Langt. II 266; *medlayt* Langt. I 308; *medlerayt* Langt. I 344; *medle* Langt. I 70, Rymer II 103, III 620. Vgl. ne: *to meddle.*

Vor Muten ist *s* ebenfalls verstummt: *dit: fist: habit: fallist* Langt. I 112; *quite: mist* Langt. II 162; *issist: despit: mist: fist: suffrit* Langt. App. II 428. In der Schrift dagegen ist *s* noch oft erhalten: *estez* (aestaticum) Langt. I 304; *gustayt* Langt. II 100; *arester* Langt. II 216.

Verstummung des *s* vor Plosiva nimmt Köritz: „Ueber das *s* vor Konsonant im Altfranzösischen" fürs 11. Jahrhundert an; wogegen begründete Einwände erhoben wurden. Im 14. Jahrhundert wurde es nicht mehr gesprochen. Vgl. zahlreiche Schreibungen mit unorganischem *s: mercist* (sbst.) Pol. Songs 243; *fuste* (fugitum sbst) Langt. II 228; *fustif* Langt. II 76; *toste* (totus) Langt. I 4, 14, 26, 64, 72, 158; *toust* Wadingt 291; *nuist* (noctem) Y. B. III

213; *dist* = dictum Y. B. VI 341, bei letzterem Bespiele zugleich Analogie an das Praeteritum.

B) Stimmloses *S* = lat. *ce, ci* etc.

Im Anlaut begegnet für lat. *c* vor *e, i* einige Male *s*, *siclatoun* Wadingt. 207; *sercher* Langt. I 112; *sink* Langt. II 432; *sertayn* Y. B. III 79; *sett* (cet) Lettr. d. Rois 290; *sete* Lettr. d. Rois 233. *sc: scaynt* (cingit) Langt. I 190.

In den Urkunden erscheint ganz vereinzelt *ch* in pikardischer Weise: *chestes* Rymer I 949; *chiaus* Rymer II 984, III 142; *chelui* Rymer III 142; *cheli* Rymer II 902.

Für das Suffix *-esse, -isse, -ice* = lat. *-itia* etc. begegnet neben gewöhnlichem *feblesce* Rymer III 222, *hautesce* Rymer I 1009, *destresce* Rymer I 724 ganz vereinzelt *-eche: fortereches* Rymer III 750 (Orig. Dover 1364); *Englesche* Rymer I 995.

Im Auslaut begegnet für *s* einige Male *th*: *foith* (vice) Rymer III 915. 916. Y. B. VI 31, 257; *foithe* North. Regist. 334; *altrefoith* Y. B. VI 231, 233; *autrefoithe* Y. B. VI 637. —

Aelteres franz. *t* + flexiv. *s* erscheint in den anglonormannischen Hss. des 14. Jahrhunderts oft als *z: preez* Langt. I 22; *veuz* Langt. I 74, 82; *assetz* Langt. I 324; *secrez* Wadingt. 45; daneben als *s: blames* Wadingt. 5; *desavises* Langt. I 18; *engendres* Langt. I 42; *conus* Langt. I 66; *issuz* (:plus) Langt. I 66. Umgekehrt wird oft, besonders in den Year Books *z* geschrieben, wo es etymologisch nicht berechtigt ist: *aprez* Wadingt. 129; *jadiz* Wadingt. 37, 234; *az* (dat. pl.) Lettr. d. Rois 114; *noz* Lettr. d. Rois 288; *lez* Y. B. III 79; *dez* Y. B. III 77; *sez* Y. B. III 83; *voz* Y. B. VI 637; *vouz* Y. B. VI 143; *telez* Y. B. III 65; *memez* Y. B. III 7; *terez* Y. B. III 47; *caz* Y. B. III 7; *choz* (causa) Y. B. III 177; woraus folgt, dass die Kopisten kein *ts* mehr für auslautendes *z* sprachen. Konsonant + *s : cs = x*: *ficché* (fixé) Langt. App. II 440, das an pikardische Formen erinnert. Nach *r* begegnet *s* für gewöhnliches *c: mersi* Y. B. III 413; *exerser* Lettr. d. Rois 274.

Für *t* + flexiv. *s* gilt das oben Bemerkte: *z: gyaunz* Langt. I 20; *parz* Langt. I 12; *parenz* etc. *s: pars* Langt. I 12, 18; *mors* Langt. I 42.

C. Stimmhaftes *S*.

Im Inlaut zwischen Vokalen: chesoun Langt. II
124, 218; mesouns Langt. I 100; prise Y. B. III 21 etc.
Selten begegnet *c*: *refuce* Y. B. III 473; *choce* Y. B. III
21, 315, 363, 367.

R.

Intervokalisches *r* = lat. einfachen *r* und intervo-
kalisches *rr* = lat. geminirtem *r* werden seit dem XII. Jahr-
hundert in anglonormanischen Hss. mit einander vertauscht,
vgl. Faulde: Ztschr. für rom. Phil. IV 547. Einige Belege
aus Texten des XIV. Jahrhunderts: *tere* Wadingt. 1, 7, 13,
110, 302, Langt. II 328; Y. B. III 155, 157, 369, 371; *teres*
Langt. I 336; *terez* Y. B. III 47; *guere* Wadingt. 71; *serrait*
Langt. II 92; *serroums* Langt. II 92; *demurrer* Rymer III
827, Y. B. VI 249; *jurrer* Rymer III 602, 793; *jurrons*
(praes.) Rymer III 820; *jurré* Rymer III 663, Lettr. d. Rois
126; *jurrés* Rymer III 834, 904; *jurrez* Rymer III 1050.

Zu erwähnen sind bei Wadington die Reime *parler:
mortel* 85; *tarder: dreiturel* 87; *guere* (:*dreiturele*) 71, sowie:
l = *r* *moltelement* = mortelementWadingt. 259; vgl. Thurot:
l. c. II 274.

Verstummung des *r* vor Konsonant begegnet im Anglo-
normannischen schon früh. Vgl. bei Chardry Reime wie: *turn:
envirun; honurs: glorius; plusurs: dulerus* (Koch l. c. XXXIV,
im Computus des Philipe de Thaun: *curs: estrus; jurs: estrus;
veirs: meis* etc. (Mall 30). Aus Texten des XIV. Jahrhun-
derts: *offert* (:*surfet*) Wadingt. 248; *jurs* (:*amerus*) ib; *mekerdi*
Rymer II 25, daneben auch Schreibungen mit *s*, das hier
ebenfalls verstummt war: *mescredy* Langt. II 280; *meskerdi*
Rymer II 511; *mesqerdy* Lettr. d. Rois 393, Formen, die
auch aus continentalen Texten öfters belegt sind.

Kons. + r: Häufig begegnet in unsern Texten Meta-
these des *r*, die sowohl dem älteren Anglonormannischen
sowie den meisten continentalfranzösischen Mundarten nicht
unbekannt ist. Belege aus agn. Texten: Schumann: Cambr.
Ps. Frz. Stud. IV 43, Harseim: Oxforder Ps. Rom. Stud.

IV 321; Rolfs: Rom. Forsch. I 218; Uhlemann: Rom. Stud. IV 597; Suchier: Auban pag. 40.

Es folgen einige Belege aus Texten des 14. Jahrhunderts: *-ver* = *-vre: liver* Langt. II 126, Liber Costum. II 471; *cover* Langt. I 130; *-ber* = *-bre: chaumber* Langt. I 54; *-ter* = *-tre: alter* Langt. I 314; *voster* Langt. I 18; *enter* Langt. I 40, 42; *-der* = *-dre: tender* (adj.) Langt. I 58; *render* Langt. I 48, bei letztem Beispiel wohl zugleich Analogie an die *a* Konjugation. Im Inlaut: *-ker* = *-kre: meskerdy* Y. B. VI 555; *meskerdi* Rymer II 511; *mekerdi* Rymer II 25; *per* = *pre: pernt* Wadingt. 55, 60; *pernent* Wadingt. 57, Pol. Songs 232; *pernez* Wadingt. 27, 125, 145, 161, 168, 185, 216, 312, 343, Langt. II 118; *pernoms* Langt. I 152, Y. B. VI 589; *parnoms* Langt. II 56; *dir* = *dre: vendirdi* Y. B. III 269; *fur* = *fru: furmages* North. Regist. 228. —

Zu bemerken ist noch: *donrra* Rymer III 401, *donrroms* Rymer III 663, 927, wo neben *rr* *n* in der Schrift erhalten ist.

L.

Im Auslaut der Substantiva ist *l* erhalten: *feel* Langt. I 54; *ceel* Langt. I 2, 38; *ryval* Langt. I 38 etc. Bei proklitisch gebrauchten Wörtern wird vor folgendem Konsonanten *l* dagegen häufig zu *u* aufgelöst, doch sind auch hier Formen mit erhaltenem *l* nicht selten: *du ray* Langt. I 34; *beu douz* Langt. I 34; *au* Langt. I 4, 62 neben *al* (vor Kons.) Langt. I 4, 6, 12, 16, 20, 22, 36, 42, 44, 52, 72. *quel* Langt. I 28, 40 neben *queu choses* Rymer I 924, 998.

Kons. + l. Nicht selten ist *l* wie in älteren anglonormannischen Texten (vgl. z. B. Harseim R. St. IV 321) umgestellt: *popel* Langt. II 116, 186; *aungel* Langt. I 112; *angel* Wadingt. 416; *artikels* Wadingt. 1; *heritabelment* Langt. II 194, 200; *convenabelment* Langt. II 172; *pardurabelment* Langt. II 172, 192, 200; *orribel* Langt. I 188; *unkel* Y. B. III 301; *tytel* Y. B. III 115, titel Y. B. VI 645. Häufig ist die Erscheinung im Me. Behrens l. c. S. 197. —

Vor Konsonant herrscht in der Behandlung des *l* regelloses Schwanken; Formen mit aufgelöstem und erhalte-

nem *l* begegnen neben einander. Zur Illustrirung einige
Belege : *a* + *l* : *Aube* Langt. I 4 neben *Albanac* Langt. I
22; *Wauter* Rymer I 994 neben *Walter* Y. B. VI 27; *faus*
neben *fals* Langt. I 220; *sauver* Langt. I 80, Rymer II 798
neben *salfe* Langt. I 82, *salver* Langt. I 90. *e* + *l* : *ceus*
Langt. I 2 neben *cels* Langt. I 16; *eus* Langt I 18, 28, 40,
42 neben *els* Langt. I 24; *meux* Rymer I 998 neben *melz*
Langt. I 68. *i* + *l*: Picardisches *fiuz* neben gewöhnlichem
filz. *o* + *l*: *vout* Langt. I 54 neben *volt* Langt. I 62, 64,
78; *voudra* Rymer I 994 neben *voldra* Y. B. VI 123. Nach
Koschwitz Ueberl. 48 hat *l* nach *e*, *a*, *o* jedenfalls erst ein
u vor sich hervorgerufen, bevor es aus der Sprache ver-
schwand; der Kampf der alten und neuen Aussprache wird
in unsern Hss. einige Male graphisch zum Ausdruck gebracht.
saulvez Langt. I 440; *soulz* (nfrz. sou) Lib. Costum. I 304;
aultre Y. B. VI 459; *teuls* Rymer III 600; *royaulme* Rymer
III 926; *oultrages* Lettr. d. Rois 285.

Andererseits ist *l* oft ganz verstummt und zum Teil auch
in der Schrift völlig verschwunden: *mut* Rymer II 134;
Raf (Eigenname) Y. B. III 133; *atre* Y. B. VI 643; *mut*
Rymer II 134; *muz* Langt. II 216; *multz* (:touz) Langt. II
432; *ouez* (oculos) Langt. II App. II 440; *pucele* Langt. I
44, 80; *cotel* Langt. I 40; *fiz* Langt. I 2, 4, 6, 22, 28, 30,
38, 46 etc. Dass auch continentalfranzösischen Mundarten
das Verstummen des *l* vor Kons. nicht fremd ist, ist bekannt;
vgl. Apfelstedt: Lothr. Psalter XXXVIII; Förster: Yzopet
XXXVI. Zum Picardischen, wo „Ausfall des *l* vor Konso-
nanten . . . . . . ebenso geläufig wie Vokalisirung" ist, vgl.
Neumann: Lautlehre 69. Mouillirtes *l̃* ist zu *l* geworden.
cunsail (:mal) Wadingt. 39; *cunsal* (:mortal) Wadingt. 423;
meruelle (:pucele) Wadingt. 416; zum älteren Anglonorman-
nischen vgl. Vising 77; Uhlemann R. Stud. IV 592.

N.

Im Auslaut ist zu merken *m* für *n*: *chescum* Pol.
Songs 234. Gemination: *baronn* Y. B. VI 547. — Vor
flexivischem *s* und vor *t, d* begegnet öfter, besonders in

den Northern Registers geminirtes *n*: *arsonns* North. Regist.
390; *annz* Rymer I 998; *avanntdit, manndement, manndoms*
North. Regist. 181; *volonnte, avanntdit, volonnters* North.
Regist. 163, 164. Umgekehrt ist vor Konsonant *n* ganz un-
ausgedrückt geblieben vor *s*: *Custaunce* Langt. I 434; *pesayt*
Langt. I 288; *moustray* Langt. I 404; *moustre* Langt. I 8.
Nach Konsonant ist auslautendes *n* erhalten: *enfern*
Wadingt. 198, 208, 209; *sojourn* Langt. I 36.

Erweichtes *ñ* wird mit *n* im Reim gebunden. *Bret-
tayne* (:semayne) Langt. I 52; *Brettayne* (:payne) Langt. I 52;
Aquitaygne (:feygne [fingit]), Langt. I 16. *Yspayne: Aqui-
tayne: mountayne* (:demayne [demanium Diez Wb.[4] 122])
Langt. II 2; *enseigne* (:certeine) Wadingt. 432. Vgl. Vising
78, 87; Uhlemann R. St. IV 593. Dass *ñ* aus der Reihe
der gesprochenen Laute geschwunden war, zeigen auch zahl-
reiche umgekehrte Schreibungen: *reigne* (regina) Rymer II
204; *roygne* Lettr. d. Rois 296; *souveraigne* Rymer II 1143;
soveraigne Rymer II 847, Lettr. d. Rois 154, 445; *soveraign*
Rymer II 1132; *Loreigne* Lettr. d. Rois 81; *simaigne* Rymer
II 1050; *semaigne* Rymer III 916, Lettr. d. Rois 282; *cha-
noign* Rymer III 663; *ordeignance* North. Regist. 412; *or-
deigner* North. Regist. 412; *ordeignoms* Rymer III 955, 1018;
ordeigné Rymer II 1049, III 831, 955; *ordeignez* Rymer III
828; *ordeignes* Rymer III 1019; *respoignant* (répondre) Y.
B. VI 255; *certaignes* Rymer II 848; *certeigne* Rymer II 853.

Erwähnt sei hier eine Regel der Orthographia gallica,
Stürzinger pag. 26 XV: „Item quandoque *n (m)* in ali-
qua diccione sequitur hanc consonantem *g*, non debet
precedere, verbi gracia *busoignes* et similia." Über die
Verbreitung der Schreibung *ngn* vgl. Stürzinger XLI ff.
Danach ist *ngn* im 14. Jahrhundert „entschieden" in Ab-
nahme begriffen, am häufigsten wurde es nach der Mitte des
13. Jahrhunderts verwendet. — In der That begegnet *ngn*
in unsern Texten verhältnismässig selten, doch lassen sich
vereinzelte Beispiele noch aus der zweiten Hälfte des 14.
Jahrhunderts beibringen: *Angnes* Y. B. VI 535; *tesmoingnaunce*
Rymer III 782; *tesmoingnage* (1365 Orig.) Rymer III 774;

Burgoingne (1439) Lettr. d. Rois 457; *Compiengne* Rymer
III 843; *prengnez* Y. B. III 145; *ordengner* Lettr. d. Rois
126; *viengne* Rymer II 821, 865; *viengnent* North. Regist.
314; *veingnent* ib. 30; *aveingne* North. Regist. 30; *tiengnent*
Rymer III 423, 783 (letzteres Orig. 1366); *teingnums* North.
Regist. 30; *gaingné* Wadingt. 243. Zu bemerken ist die
Häufung der Schreibung *ngn* Wadington 396—414, wo der
Text aus dem Harl. Ms. 4657 gedruckt ist. Es begegnen
dort: *enseingnement* 396; *enseingna* 402; *enseingnez* 405, 406,
408; *enseingne* 400; *enloingnast* 396; *aloingne* 397; *moingne*
402, 403; *moingnie* 402; *moingnage* 404; *seingnur* 403, 407,
409, 412; *seingnorie* 407; *engingnez* 405; *deingnastes* 406;
compaingnon 408; *baingnai* 409; *baingner* 410; *seingna* 410;
bosoingnos 410; *lingnage* 410; *compaingnon* 413.

Palatale.

K.

C vor *o, u* ist unverändert erhalten: *Conte* Y. B. III 19;
counte Rymer III 662; *confort* Rymer III 663; *custumes*
Rymer III 787; *consail* Rymer III 663. *ch* begegnet wie im
Englischen in dem Eigennamen *Nicholas* Y. B. III 177, Lettr.
d. Rois 18. — Anzumerken *eschorchier* = nfr. écorcher Wadingt.
193. Vor *t* ist *c* durch lateinischen Einfluss in der Schrift
neu eingeführt: *octrye* Langt. I 388; *estroictement* Rymer III
624; *dicte* Rymer III 401.

C vor lat. *a* und daraus hervorgegangenem *e* erscheint
als *ch: char* Wadingt. 233, 308, 349; *charnel* Wadingt. 387;
chapitel Wadingt. 113; *chaump.* Langt. I 16, 18, 22; *chande-
labre* Wadingt. 290; *chanouns* Langt II 238; *charpenter* Langt.
I 122; *escharlet* Wadingt. 357; *chardinals* Langt. II 222, 274;
chanter Wadingt. 135, 202; *chant* Wadingt. 202; *enchantemenz*
Wadingt. 391; *charite* Wadingt. 215; *chaumber* Langt. I 54;
chambre Wadingt. 201; *chandeles* Wadingt. 204; *cheirent*
Wadingt. 208; in den Urkunden: *chambre* Rymer III 786,
820; *chaunge* North. Regist. 181; *chastel* Rymer III 663, Y.
B. III 181; *chasteus* North. Regist. 29, 30; *chasteuz* Y. B.

III 173; *chasteaux* Rymer III 759; *chastelleries* Rymer III 759; *chastellains* Rymer III 759, 863; *chalanger* Y. B. III 21; *chapelle* Rymer III 787; *chartre* Y. B. III 29; *chandeleure* Rymer III 820; *chandelour* North. Regist 181; *purchasor* Y. B. III 23, 25; *purchasor* Y. B. III 25; *charger* Lettr. d. Rois 158; *charge* Y. B. III 157; *deschargies* Rymer III 759; *chier* North. Regist. 163, Lettr. d. Rois. 76; *trescher* Rymer III 783, 843, 863; *chevalerie* North. Regist. 181; *chival* Rymer III 863. — Selten finden sich Formen mit pikardischem *c*, *k*: *Karoles* Wadingt. 278; *karoyne* Langt. II 202; *carbun* Wadingt. 393; *capelein* Rymer II 1143.

Qu.

Für lat. *qu* kommt nach Mitte des 12. Jahrhunderts die Schreibung *k* in Gebrauch, die gegen Ende des 13. Jahrhunderts wieder zu Gunsten von *qu* aufgegeben wird. Vgl. Stürzinger l. c. XL. „Es finden sich freilich in wenigen Dokumenten aus den zwei ersten Jahrzehnten des 14. Jahrhunderts noch *ki, ke, kar*," bemerkt Stürzinger XLI; „das sind blosse Eigentümlichkeiten, die jeder Schreiber hat, ohne weitere Bedeutung." Es begegnet indessen *k* in unsern Texten weit häufiger als Stürzinger anzunehmen scheint, was die folgenden Beispiele illustriren mögen. Im Anlaut: *ky* Langt. I 34, 48, 50, 60, 70, 80, 84 etc., Y. B. III 17, 25, 215, 223, 251 253, 261, 435, 461, 467, 469, 473, 475, 501; *ke* Langt. I 2, 4, 8, 14, 22, 72, 82 etc., Langt. App. I 394, 408, 414, App. II 428, 440; Y. B. III 229; Rymer II 984; *kaunt* Langt. I 18, 22, 42, 58, 64 etc.; *kar* Langt. App. II 432; *katre* Y. B. III 9; *karaunt* Langt. I 258; *coy* (= quoi) Lettr. d. Rois 290. Inlautend zwischen Vokalen: hier ist *q, qu* durchaus das Gewöhnliche; selten *jekes* Y. B. III 497; *deke* Y. B. III 497. Inlautend nach Konsonant: *n*: *donke* Y. B. III 473, 475; *donkes* Y. B. III 51; *dunke* Y. B. III 399, 401, 405, 419; *adunke* Y. B. III 423; *unkes* Y. B. III 197, 407, 433, 451; *cynkaunt* Rymer II 1121; *r*: *nepurkant* Y. B. III 497, *nepurkaunt* Y. B. III 505.

G.

Die Media *g* ist anlautend erhalten: *governers* Langt. I
86; *governerent* Langt. I 16; *grant* Langt. I 2, 12, 24, 40 etc.
Inlautend ist zu bemerken: *augst* Y. B. VI 203 als etymo-
logische Schreibung.

H.

H ist in der Aussprache verstummt und wird daher in
der Schrift nicht selten unterdrückt, während es in umge-
kehrter Schreibung andererseits da begegnet, wo es etymo-
logisch keine Berechtigung hat.

1) in lateinischen Wörtern. *Abacuc* Langt. II 342;
eritage Rymer I 937, III 926, 954, Lettr. d. Rois 184; *our*
(horam) Langt. I 262; *ure* Latin Poems 294; *oures* Rymer I
924; *eyr* Wadingt. 38; *leir* Y. B. VI 509; *ayr* Langt. II
194; *yver* Langt. I 216, 298, 358, II 176; Wadingt. 215, 333;
iver Langt. II 150, Lettr. d. Rois 458; *oneur* Rymer II 103;
onur Lettr. d. Rois 192, 250; Rymer II 370, III 897, 953;
ostel Wadingt. 37; *oustel* Lettr. d. Rois 235; *estory* Langt.
I 128, 216, 228; *estoire* Wadingt. 91; *estorie* Langt. I 218;
estories Langt. I 232; *vmble* Wadingt. 401; *orrible* Langt. I
186, II 356; *orribel* Langt. I 188; *orribles* Langt. I 112;
onerable Rymer II 7; *onurable* North. Regist. 181, Rymer
II 1111. Umgekehrt begegnet *h*, wo es keine Berechtigung
hat: *harmes* (armes) Langt. II 294; *Helyanore* Langt. II 134;
Helianore Langt. II 116; *hor* (aurum) Langt. I 42; *hoes*
(opus) Langt. I 84; *hel* (aliud) Langt. I 492; *hu* = eu Langt.
App. II 426; *habundante* Rymer III 669; *habundant* Lettr.
d. Rois 153.

2) in germanischen Wörtern ist *h* meist erhalten:
z. B. *haitez* (got. gahait) Langt. I 6; weggelassen: *arberye*
Langt. I 198.

FORMENLEHRE.

Substantiva.

Die Zersetzung der Declination ist in unsern Texten, wie zu erwarten, weit vorgeschritten, da die Dichter sowohl wie die Schreiber unserer Periode die Regeln der altfranzösischen Nominalflexion nicht mehr festzuhalten im Stande waren. Im Grossen und Ganzen zeigt sich die Tendenz, die Formen des Obliquus auf den Nominativ zu übertragen, doch sind zahlreiche Abweichungen von der Regel zu verzeichnen. In der älteren normannischen Sprache lassen sich folgende Declinationsgruppen unterscheiden.

I. Gruppe, enthaltend die Feminina der lat. 1. Declination, denen sich die Feminina der lat. 3. Declination angeglichen haben. Vgl. Koschwitz: Überlieferung etc. 77. Die Wörter dieser Gruppe sind meist regelmässig flectirt; d. h. Nom. Obl. Sing. sind flexionslos, der Plural hat *s* z. B.:

Nom. Sing. *vile* Langt. I 22; *bataylle* Langt. I 18, 24, 42; *chose* Langt. I 34; *norice* Langt. I 4; *poudre* Langt. I 48; *soer* Y. B. VI 37 etc.

Obl. Sing. *fillye* Langt. I 4, 10, 44, 64; *beste* Langt. I 6; *ymage* Langt. I 10, 12; *fiauté* Rymer I 924, 949 etc. Flexivisches *s* zeigen *citez* Langt. I 22; *amystez* Langt. I 46; *unes lettres* Lettr. d. Rois 12, 178.

Nom. Plur. *fyllyes* Langt. I 36; aber *les gente* Rymer I 974.

Obl. Plur. *nuytz* Rymer I 996; aber *chose* Rymer II 275, Wadingt. 42.

II. Gruppe, enthaltend Substantiva der lat. 2., 4., sowie Masculina und Neutra der lat. 3. Declination.

A. mit *s* im Nom. Sing.

1) gleichsilbige. Hier ist das ursprüngliche Schema: Nom. Sing.: *s*, Obl. Sing. —; Nom Plur.: —, Obl. Plur. *s* selten bewahrt; in der Regel ist der Obl. für den Nom. eingetreten; doch begegnen auch umgekehrte Fälle. Nom. Sing. *daunz* Langt. I 70; *latymers* Langt. I 264;

memes Y. B. III 271; aber *chivaler* Langt. I 6, 18, 44; *rey* Wadingt. 146 *uncle* Langt. I 78; *clerk* Rymer I 925.

Obl. Sing. *jour* Langt. I 8, 34; *lou* (lupus) Langt. I 28; *parent* Langt. I 8; *sank* Langt. I 10, 86; nicht berechtigtes *s*: *al reys* Langt. II 308; *au roys* Langt. App. II 432; *al rays* Langt. I 440; *mareschals* Y. B. III 515; *conestables* Rymer I 996.

Nom. Plur: *justiser* Langt. I 48; aber *Romayns* Langt. I 48, 74; *murs* Langt. I 74.

Obl. Plur. *messagers* Langt. I 84 etc., aber *tuz jour* Langt. I 288, 410; *touzjour* Lettr. d. Rois 289; *tuz li maryner* Langt. I 160; *as tresorer* Rymer II 863.

2) ungleichsilbige. Nom. Sing. *neveuz* Langt. I 260; *nefuz* Langt. I 216; *nevou* Langt. II 46; *neveu* Langt. I 80, 82, 238, 252; *ly quens* Langt. II 136, 138, 140, 142, II 306, neben *le counte* Langt. II 136, 140, 142, 144, Rymer II 370, *le cunte* North. Regist. 28.

Obl. Sing. *nefuz* Langt. I 132; *neveu* Langt. I 248; *quens* Langt. II 190 neben gewöhnlichem *counte*.

Zum Plural ist nichts Besonderes zu erwähnen.

B. ohne *s* im Nom. Sing.

1) gleichsilbige. Hierher zu rechnen sind die Substantiva auf -*er* der lat. 2. und 3. Declination, sowie die Neutra der lat. 2. und 3. Declination.

Das Schema: Nom. Sing --, Obl. Sing —; Nom. Plur. —, Obl. Plur. *s* ist hier fast völlig verwischt; gewöhnlich ist der Singular flexionslos, der Plural hat *s*; doch begegnen einige Ausnahmen.

Nom. Sing. *menistres* Rymer III 601.

Obl. Sing. *ly produytz* Lettr. d. Rois 223.

Nom. Plur. *frer** Langt. I 58.

Obl. Plur. *hostage* Langt. I 48; *les homage* Langt. App. I 406; *les membre* Wadingt. 387; *les ditz chastel* Rymer II 821.

2) ungleichsilbige. a. mit festen Accent.

Nom. Sing. Neben *hom* Wadingt. 16, 93, 146, 159, 395, 396, 398 etc., *ons* Rymer III 600, *homs* Rymer II 206, *hons* Rymer III 600 etc. *home* Langt. I 298, Wadingt. 10, 272, 311, 391, Rymer II 134; *homme* Langt. I 136, 312.

Obl. Sing. Neben gewöhnlichem *home, homme, hume* begegnet *hom* Wadingt. 397, 399 etc.

b. mit beweglichem Accent.

Nom. Sing. *emperer* Langt. I 62, 194, 202, 208, 212, 216, Wadingt. 397, 399; *emperere* (:tere) Wadingt. 397, 399; *ber* (:deygner) Langt. I 62; *beer* (:voyder) Langt. I 194, 208; *le deol* Wadingt. 418; *feel* Langt. I 54; *lers* Langt. I 62; daneben *empereur* Wadingt. 146; *emperur* Wadingt. 397; *baroun* Langt. I 310, II 204, Rymer II 370; *barun* Wadingt. 364; *baron* Rymer II 664; *dolur* Wadingt. 418; *felun* Langt. II 20; *larun* (:pardun) Wadingt. 385 etc.

Obl. Sing. Neben gewöhnlichem *felun* Wadingt. 398 begegnet gelegentlich die alte Nominativform: *emperere* Wadingt. 398, (:chere) 427; *deol* Wadingt. 423.

Nom. Plur. *li ber* z. B. Wadingt. 133, gewöhnlich: *li baroun* Langt. I 152.

Im Ganzen herrscht die Tendenz vor, die Form des Obl. auf den Nom. zu übertragen. Es handelt sich bei diesem Übergang, wie Koschwitz Ztschr. f. r. Ph. II 485 bemerkt, um syntactische Vertauschung der Casus, da in den Fällen, wo der Obl. für den Nom. eintritt, auch der beim Sbst. stehende Artikel (resp. Pronomen) in der Form des Obl. zu erscheinen pflegt, während umgekehrt, sobald das Sbst. die richtige Nom. Form zeigt, auch der Artikel diese Form bewahrt hat. — Diese Regel findet im Ganzen auch in unsern Texten noch Anwendung, doch sind Ausnahmen nicht selten: Nom. Sing. 1. Art. u. Sbst. haben die Form des Obl. *le ray* Langt. I 4, 8; *le lake* Langt. I 22; *le deable* Langt. I 28; *le home* Wadingt. 391. 2. Art. und Subst. zeigen die alte Nom. form. *li rais* Langt. I 24; *li hom* Wadingt. 16 etc. Dagegen: *li ray* Langt. I 2, 8; *ly Troyen* Langt. I 20; *un rays* Langt. I 24 etc.

Nom. Plur. Obl. für Art. und Subst. *les chivalers* Langt. I 12; *les rays* Langt. I 18; *les Troyens* Langt. I 18 etc. Daneben *ly Troyens* Langt. I 6, 10 etc., *encontre le ordinances* Rymer III 21.

Adjectiva.

Für die Flexion der Adjectiva macht sich dieselbe Regel geltend wie für die Substantiva, es zeigt sich auch hier das Streben den Obl. für den Casus rectus eintreten zu lassen.

I. Adjectiva lat. 3er Endungen, wozu auch die Part. Praet. zu rechnen sind.

a) in attributiver Stellung. Nom. Sing. Neben *sage* Langt. I 6, 64. 82, *pusné* Langt. I 70 begegnen *pusnez* Langt. I 58; *son fiz eynés* Langt I 30; *prudhomme fu e sages* (: heritage) Langt. I 32 etc.

Obl. Sing.: Unorganisches flexivisches *s: bons regard* Rymer II 736. Obl. Plur.: Neben *aunz enters* Langt. I 28 etc. begegnen, da *s* vor Konsonant verstummt ist, *autre terres* Rymer II 134, *altre berbis* Y. B. III 425, *riche douns* Langt. I 156. b) in prädicativer Stellung: *Ensemble sont ale* Langt. I 38; *sont en Brettayne trestouz descendu* Langt. I 78; *ses fiz . . . sount meu* Langt. I 30; *al champ sont assemblé* Langt I 22; dagegen: *venuz en Ytaille sunt* Langt. I 2; *tuez sont ses gens* Langt. I 8; *ke . . exylliez estaynt* Langt. I 14. Es scheint hiernach flexivisches *s* beliebt zu sein, sobald das Particip vor das Verbum finitum tritt. — Das Femininum zeigt Formen zum Teil mit *e*, zum Teil ohne *e*. a) attributiv: *of bone garnisoun* Langt. I 46; *ventre e mameles nues i monstrait* Langt. I 46; *vie longe* Rymer II 79; *en la plus seure maniere* Lettr. d. Rois 283; aber *tut la clergye* Langt. I 126; *de bon evasioun* Langt. I 64; *saint Marie* Langt. I 328. b) prädicativ: *Troye fu destrute* Langt. I 2, aber *cele navye fu venu* Langt. I 50; *Gornylle est marié* Langt. I 36.

II. Adjectiva lat. 2er Endungen.

Nom. Sing. Neben gewöhnlichem *melliour* Langt. I 68, *pussaunt* Langt. I 2 begegnet z. B. *dolenz* Langt. I 4 etc.

Nom. Plur. *plusurs* Langt. I 76 etc., aber *puaunt* Langt. I 18; *li vayllaunt baroun** Langt. I 46.

Femininbildung: Vgl. Plathe: Entwickelungsgeschichte der einformigen Adjectiva im Französischen (XI.—XVI.

Jahrh.) Greifswalder Dissertation 1886, worauf ich verweise;
hier nur einige Belege aus anglonormannischen Texten des
XIV. Jahrhunderts.

Tel bildet gewöhnlich *tele*, das schon in den ältesten
Denkmälern vorkommt nach Suchier. Reimpr. XXXI, doch
hält sich die einformige Bildung bis ins XVI. und XVII.
Jahrhundert; vgl. Plathe 35. — *Tele chose* Wadingt. 309;
tiele confessiun Wadingt. 385; *tiele monoie* Rymer II 114;
tielle grace Lettr. d. Rois 12; *tele encheson* North. Regist. 29;
aber: *tel oreisun* Wadingt. 400; *en tiel manere* Lettr. d.
Rois 18.

Quel: vgl. Plathe 34 ff. *la quele commission* Rymer II
134; *quel oure* Y. B. III 157.

Wörter auf lat. *-alem*: vgl. Plathe 36 ff. *gwere mortel*
Langt. I 46; *vie mortel* Wadingt. 396; *maladye mortele* Langt.
I 332; *chose espirital* Wadingt. 401; *espiritele contagiun*
Wadingt. 305; *espiritele beaute* Wadingt. 354; *espiritele vie*
Wadingt. 378; *anuele empension* Rymer II 7, 124; *regal
nacioun* Langt. I 292.

Gentil: *gentil ligne* Langt. I 28; *la gentil regioun*
Langt. I 162.

Grand: *Irlaunde la graunde* Langt. II 264; *la grande
cite* Wadingt. 290; *graunde terre* Langt. I 298, II 110;
la grante bunte Wadingt. 397; prädicativ: *la bataylle fu
graunde* Langt. I 42; *la gwere fu graunde* Langt. I 116;
daneben die einformige Bildung, die sich bis ins XVI.
Jahrhundert hält; s. Plathe 21; *grant religiun* Wadingt. 309;
grant grace Wadingt. 16; *folie grand* Wadingt. 13; *graunt
devocioun* Langt. I 162; *grant effusioun* Langt. I 222; *grant
dignite* Langt. I 300; *graunt conqueste* Langt. II 70; *graunt
seurte* Lettr. d. Rois 182; *grant seurte* Rymer II 103; *grant
pitie* Lettr. d. Rois 285. Auffällig erscheinen *le gentille
homme* Lettr. d. Rois 223; *le pople graunde* Langt. II 120,
doch ist zu merken, dass *le* und *la* oft verwechselt werden
(vgl. Artikel), andererseits, dass unbetontes auslautendes *e*
nach Konsonant verstummt war, so dass gelegentlich unbe-
rechtigtes *e* als umgekehrte Schreibung eintreten konnte.

Pronomina.

Pronomen personale. Der Nom. Sing. des Pronomens der ersten Person hat die Formen: *jeo* Langt. I 18, 34, 92, 100, 112; Y. B. VI 3; Rymer II 514 etc.; *joe* Langt. I 116, 118; *ioe* Wadingt. 414; *jo* Langt. I 138, 140; *je* Langt. I 122 etc. Dativ in unbetonter Stellung beim Verb neben *me* Langt. I 100 *moy, moi: il moi semble* Y. B. VI 323; *celuy qe moy rendi le manir* Y. B. VI 579 etc.; Acc. beim Verb neben *me* Langt. I 46, 92 *may* etc.: *as-tu amé may?* Langt. I 34. 2. Person. Acc. Sing. unbetont, neben *te* Langt. I 112, 120 *tay* Langt. l 46, 130 etc. Plur. *ws* Langt. I 18, 34. 3. Person. Acc. Sing. Masc. unbetont beim Verb: *le* Langt. I 4, aber *ly* Langt. I 2, 6, 130.

Nom. Plur. neben gewöhnlichem *ils* noch *il* Langt. I 8, 48, 348; Rymer I 996, II 134; *els* Langt. I 150. Dativ Plur: neben gewöhnlichem *lour* auch *les* Laugt. I 4, 8, Wadingt. 59, 175; *lez* Y. B. III 107. Acc. Plur. gewöhnlich *les*, aber *lour* Langt. I 14, 16. — Das reflexive Pronomen der 3. Person begegnet beim Verb in unbetonter Stellung nicht selten als *say, sey, soi* etc.; *tost sey desarme* Langt. I 46; *pur say dedure* Langt. I 54; *repentent sei* Wadingt. 22; *obliga sey* Y. B. III 157; *le roi soi herberga* Lettr. d. Rois 80.

Pronomen possessivum. Fem. von *mon* auch vor Vokal $=$ *ma* Langt. I 44. Nom. Plur. von *ton* erscheint noch als *ty* Langt. I 180, sonst *tes*; vgl. Koschwitz Überl. 82.

Pronomen demonstrativum. Adj: *cyl* Langt. I 2, *cel* Langt. I 14; *cestuy ray* Laugt. I 54; *cesti bref* Y. B. VI 239, 245, 309; *cesti jour* Y. B. VI 9, 261; *cesti maundement* Rymer II 271; *cesti garrantie* Y. B. VI 247. Subst.: *cyl, cil* Langt. I 22, 80; *cely* Langt. I 34; *ceoly* Wadingt. 43; *ceoli* Wadingt. 49; *ceoluy* ib. 161; *cesti* Y. B. VI 303; Plur. *cels* Langt. I 16; *ceus* Langt. I 2; *cyl* Langt. I 16.

Pronomen relativum: Für den Nom. Sing. ist auch hier oft der Obl. eingetreten. So z. B. *ke* Langt. I 2, 4, 8,

14, 22, 28, 72, 82 etc., Y. B. III 17 etc., daneben *ky* Langt.
I 50 etc. Für den Obl. tritt umgekehrt nicht selten der Nom.
ein: *ky* Langt. I 34, 48, 60, 80, 84 etc.; *ki* Y. B. III 91; *qi*
Y. B. VI 585; aber *ke* Langt. I 14 etc.

Nom. Plur. oft *ke:* z. B. Langt. I 2, 6, 14, 20, 38, 42;
qe Wadingt. 361, 393.

Von den Indefiniten erwähnen wir: *mesmes* Langt. I
54; *memes* Langt. I 56, 58; *chescun* Langt. I 40, 54; *hel* =
el Langt. I 492; *nuli services* Langt. App. I 396; *autry
seygnurage* Langt. I 10; *autri tenaunce* Y. B. III 57; *acuny
persone* Y. B. III 23; *nully bref* Y. B. VI 237; *nuly heir*
Y. B. III 55; *chescuny sank* Y. B. VI 231.

Artikel: Für den Nom. Sing. Masc. ist, wie zu er-
warten, schon in den meisten Fällen der Obl. eingetreten;
doch ist der alte Nom. nicht selten erhalten: z. B. *ly* Langt.
I 6, 8, 16, 44, 78 etc. Gelegentlich tritt auch *li* als Obl.
auf, z. B. Rymer I 996.

Zu bemerken ist, dass in den literarischen Denkmälern
sowohl als in den Urkunden *le* und *la* nicht selten mit ein-
ander verwechselt werden. Zunächst die Belege:

1) *la* für *le*; *la pople* Langt. I 378; *la miracle* Wadingt.
123; *la deables* Wadingt 154; *la deakene* Wadingt. 275; *la
serpente* Wadingt. 132; *la serpent* Wadingt. 406; *la chastiel*
Rymer III 750; *la jour* Y. B. VI 629; *la passage* Rymer
III 76; *la jugement* Y. B. VI 421; *la coronement* Liber
·Costum. II 470; *la peril* Rymer III 648; *la tort* Y. B. VI
129; *la portour* Lettr. d. Rois 233. Vgl. auch in dem Jar-
gongedichte la pais aus Englois Pol. Songs 63 ff.: *la tens, la
conte, la cont, la rai* [2 Mal]. Vgl. Suchier: Auban 49,
„überhaupt werden Masculina mit *e* gern zu Femininis"
s. noch Uhlemann l. c. 617; Vising l. c. 96 ff.

2) *le* für *la*; *le guere* Langt. II 106; *le coroune* Langt.
I 96; *le ylle* (insulam) Langt. I 224; *Brettayne le Grande*
Langt. I 94; *le vengeaunce* Langt. II 228; *le fay* Langt. I
234; *le fey* Wadingt. 416; *le mer* Langt. I 424; *le teste*
Wadingt. 165; *le tempest* Langt. II 38; *le hure* Wadingt.

176, 197, 218; *le oure* Wadingt. 8; *le houre* Langt. I 440.
Dasselbe Beispiel bringt Metzke Herrigs Archiv 65, p. 94
und erklärt es „durch den vokalischen Anlaut des hinter dem
Artikel stehenden Substantivs;" *le hunte* Wadingt. 356; *le
iniquite* Wadingt. 376; *le incarnaciun* Wadingt. 349; *le orei-
sun* Wadingt. 403; *le absoluciun* Wadingt. 371; *le entré*
Langt. II 234; *le eglyse* Langt. I 398, II 212; *le dolure*
Langt. App. II 444. In den Urkunden: *le terre* Y. B. VI
403; *le corone* Y. B. III 223, Lettr. d. Rois 223; *le Reyne*
Rymer I 924; *le manere* Rymer III 142; *le pleinte* Rymer
III 469; *le lei* Y. B. VI 587; *le value* Y. B. VI 591; *le
mere* North. Regist. 412; vgl. Vising 97; *le prison* Rymer
III 37; *le execucion* Y. B. III 189; *le excepcion* Y. B. VI
387; *le informacion* Lettr. d. Rois 222; *le obligacion* Y. B.
VI 143; *le hure* Rymer I 998; *le heur* Lettr. d. Rois 81; *le
honur* Lettr. d. Rois 223; *le reversion* Y. B. III 147, 229
(auf derselben Seite auch *la reversion*); VI 433; *le dignite*
Rymer II 103 (auf derselben Seite auch *la dignite*); *le bataille*
Lettr. d. Rois 81; *le defens* Rymer II 271; *le novelle* Lettr.
d. Rois 231; *le test* Liber Costum. II 474; *le fest* Rymer II
863; *le feste* Rymer II 25, III 372; *le countee* Lettr. d. Rois
238; *le respons* Y. B. III 321, 477; *le tour* Rymer III 749;
le aye Y. B. III 247; *le rente* Y. B. III 419.

Man könnte hier vielleicht geneigt sein, an pikardischen
Einfluss zu denken, wo der Artikel für das Fem. bekanntlich
le lautet. Es ist indessen wahrscheinlich, dass wir es mit einem
rein phonetischen Vorgange zu thun haben; für *le* sowohl
wie für *la* sprach man ein in der Mitte zwischen beiden
liegendes *la*, das in der Schrift bald als *la* bald als *le*
dargestellt wurde.

Für den Genitiv begegnen: *di* Rymer I 994; *dy* Rymer
II 853. Inclinirt wird der Artikel an *a, de, en*; *as* Y. B.
VI 35, daneben *a le* Y. B. VI 591; *a les* Y. B. VI 285;
doppelt ausgedrückt: *as les* Rymer II 271; *al lautre* Y. B.
III 205; *al le* Langt. I 16. Neben *du, del*: *dil* Y. B. VI
277. — Zu merken ist für den unbestimmten Artikel noch:
a amy Rymer I 925, jedenfalls englischer Einfluss.

Verba.

In unsern Texten zeigt sich vielfach das Bestreben die verschiedenen Konjugationsklassen an einander anzugleichen, und zwar ist es die a-Konjugation, die mehr und mehr um sich greift; doch sind umgekehrte Fälle durchaus nicht selten.

1. Angleichung an die a-Konjugation.

a) Verba auf *ir*. Im Praes. Ind. 3. Person: *coure* Langt. I 74; *establye* Langt. II 96. Im Part. Perf. *finé* Langt. I 56, das im Altfr. schon früh in dieser Form erscheint; *coverez** Langt. II 16; *fuié* (: volonté) Langt. App. II 426; *dedié* (: peché) Wadingt. 268; *maudié* (: alé) Wadingt. 154; *bené* Lat. Poems 292; *establiez* Rymer III 1041. Im Praet. *destruisserent* North. Regist. 390. Im Infinitiv: *acompler* Rymer III 340; *enrycher** Langt I 216, Wadingt. 36; *gyser* (: demorer) Pol. Songs 234; *maudier* Wadingt. 154; *seoffrer* (: demorer) Pol. Songs 235; *soeffrer* Rymer III 334, 904; *oier* (audire) Y. B. VI 581, Lettr. d. Rois 446; *nourer* Rymer II 821; *repenter* Lat. Poems 292; *establer* Rymer III 702, 982, Lettr. d. Rois 19; *establier* Lettr. d. Rois 394; *restablier* Rymer III 1019; *restabler* Lettr. d. Rois 217; *choyser* (: demorer) Pol. Songs 235; *vener* = venire Y. B. VI 559; *tener* Y. B. III 7, Rymer III 409; *meyntener* Y. B. VI 249; *mayntener* Y. B. VI 537, 541; *maintener* Lettr. d. Rois 188; *meintener* Rymer III 742; *encurrer* Lettr. d. Rois 127; *conduyer* Rymer III 903; *punier* Rymer III 1019.

b) Verba auf *-eir* (*-oir*) = lat. *ēre*. Im Infinitiv: *rescayver* Langt. I 436; *arder* Langt. I 52; *voler* (vouloir) Langt. I 138; *aver* Y. B. VI 3; *saver* Langt. I 4, 10 etc., Rymer I 925, 1009; Y. B. VI 13; die Formen lassen sich auch durch Verengung des Diphthongen erklären.

c) Verben auf *-re* = lat. *ĕre*; *viver* Langt. I 392; *attender* Langt. II 254; *prometter* Rymer II 985; *defender* Rymer II 47; *abater* Rymer III 37; *respounder* Y. B. III 399; *ester* Y. B. III 333; oder liegt in letztgenannten Formen Metathese des *r* vor? Im Praesens: *mette* Langt. I 8.

d) *facetz* als Part. von *faire* Rymer I 944; im Infinitiv:
feirer (: iurer) Wadingt. 27.

2. Angleichung an die *i*-Konjugation.

a) Verba der *a*-Konjugation.

Im Particip: *oblye* (: Brettanye) Langt. I 184; (: boydye)
Langt. II 34; *ublye* (: theologye) Langt. II 346; *ublie* (: Al-
banie) Langt. App. I 402; *defublye* (: seygnurye) Langt. I
390 (das Vb. heisst sonst im Altfranzösischen desfubler s.
Godefroy); *changi* Wadingt. 214; *obligis* Rymer III 462;
confisquis Rymer III 878. Im Praet. *donit* Rymer III 467.
Im Imperativ: *mostrit* [2. pers. plur] Lettr. d. Rois 233.
Im Infinitiv: *lessir* Wadingt. 4, 209, 394, 426; *venir* (venare)
Langt. I 6; *depensir* Wadingt. 218; *plurir* (: teisir) Pol. Songs
244; *pensir* Wadingt. 16, 33, 234, 392; *sonir* Pol. Songs 244;
fichir (= fixer) Wadingt. 253; *governir* Rymer II 848, 1143,
III 699; *durir* Rymer II 440; *tournir* Rymer III 270;
retournir North. Regist. 214, Y. B. VI 263. Lettr. d. Rois
238, Rymer III 722, 840; *donir* Y. [B. VI 273; *gardir*
Wadingt. 50, 276, 426, Rymer III 770; *demorir* Wadingt.
425, Langt. App. II 436, 442; Rymer II 1123; *demurir*
North. Regist. 214; *demourrir* Rymer III 782; *escapir*
(= échapper) Lettr. d. Rois 234; *passir* Rymer III 270;
prochir Lettr. d. Rois 233.

b) Verben auf -*eir* (-*oir*) = lat. *ēre. savir* Y. B. VI
613; *avir* Y. B. VI 635.

3. Angleichung der *a*-Konjugation an die Verben
auf -*re* = lat. *ēre. achatre* Liber Costum I 385, Rymer III
17; *gettre* Y. B. III 377; *arestre* Lettr. d. Rois 273.

4. Angleichung des Part. der *a*-Konjugation an
die Participien auf *utus. arestuz* Langt. II 116, Rymer
II 343; *arestu* Y. B. VI 35, 295.

5. Angleichung an die inchoativem Verba: *man-
disez* Langt. I 136; *trouvissez* Rymer II 511.

6. Angleichung an die -*si* Perfecta: *seruisist* Wadingt.
37; *atendesit* Y. B. III 95; *respondesit* Y. B. III 173; *escri-
sismes* Lettr. d. Rois 289.

Personen. Die 1. Pers. Sing. erscheint wie im Auban

und Charlemagne noch fast regelmässig ohne *e* oder *s: pri*
Langt. I 118 [Hss. C. D. prie] (: ci) Langt. App. II 430;
Wadingt. 73, 200; *comand* Wadingt. 42; *di* Langt. II 326,
Wadingt 17, aber: *dis* Wadingt. 107, 109; *crei* Wadingt. 90,
92, *croi* Y. B. VI 75, 183; *dei* Wadingt. 68; *doi* Y. B. VI
363; *sai* Wadingt. 200; *scai* Lettr. d. Rois 234; *su* (sum)
Y. B. VI 83; *veu* (volo) Y. B. VI 83; *vey* (video) Langt.
II 330, *voi* Y. B. VI 65.

In der 3. Pers. Sing. Praet. und in der 3. Person Sing.
Fut. der *a*-Konjugation ist in Texten des 14. Jahrhunderts die
Dentalis regelmässig geschwunden. Die Hs. der Carlsreise zeigt
neben 44 Endungen auf *at* nur zwei Mal *a*; Koschwitz Überl. 61.
Die Verba auf *ir* dagegen haben in der 3. Person Praet.
Formen mit und ohne *t* neben einander in unsern Texten;
doch scheinen letztere entschieden bevorzugt zu werden.
Nach Uhlemann l. c. 602 werden die Formen mit *t* nach
1250 beliebt; im Auban begegnet meist kein *t*, ebenso in den
Adgarlegenden, Rolfs 218. Für das spätere Anglonormannische
lässt sich keine durchgreifende Regel aufstellen, „der eine
Dichter bevorzugte offenbar die eine, der andere die andere
Form". Die Hs. der Karlsreise hat unter 13 maligem *it* nur
1 Mal Ausfall des *t*. Langtoft hat im Reime z. B. *enter-
myst: purvyst: rumpit* I 32; *fist: fayllit* I 112; vgl. auch I
120, 148, 176, 228, etc., II 8, 54, 92, 118, 226, 342, 350 etc.
(Dieselben Belege auch bei Uhlemann); aber: *soffri* Langt.
I 30; *saysy* I 40; *assally* I 154; *perdi* I 240; *combaty* Langt.
II 80. Wadington hat: *prist: nasquit: vist: enjoist: issist:
fist*, aber *entendi* 10, *vesqui* 50. Die Urkunden haben stets *t*,
nur vereinzeltes: *pardy* Rymer II 1143; *departi* Rymer III
108. — Die Praeterita auf *it* zeigen *t: resceut* Langt. I 62
etc.; vgl. Mall. 81; der Charlemagne hat neben 79 maligem
it nicht ein einziges *ii*, Koschwitz Überlief. 61. Neben *fust*
Langt. I 20, 22, 42, 44, 70, 72 *fu* Langt. I 2, 4, 6, 14.

Die 1. Person Plur. zeigt *oums, ums, oms, um, uns* wie
in älteren Texten neben einander. Vgl. Lorentz: Die erste
Person Pluralis des Verbums im Altfranzösischen. Strass-
burger Dissertation Heidelberg 1886; Suchier: Reimpredigt

XXIX. Im Langtoft werden Formen mit *s* bevorzugt: *avoms* I 98, *creoums* I 98, *entendoums* I 100; *volums* I 214; *pryums* I 98; ebenso in den Urkunden: *poms* (== pouvons) Y. B. VI 63, Rymer II 274; *pooms* Rymer II 64; *veoms* Rymer II 64; *prioms* North. Regist. 163; *froms* Y. B. VI 489; *grantons* Rymer II 4; *puissons* North. Regist. 164 etc.; aber *devum* Langt. I 90; *avoum* Langt. I 178. — Im Wadington fehlt *s* häufig: *ueum* 15, 19; *auum* 93, 154; *auom* 397; *deuum* 27, 41, 91; *deuom* 399; *lessum* 61; *alum* 61; *poum* 144; *sauum* 237; aber: *auums* 395. *s* konnte hier schon früh ausfallen; bei Wace findet es sich nur 2 Mal nach Pohl: Untersuchung der Reime in Maistre Wace's Roman de Rou et des ducs etc. Rom. Forschungen II 573; in den Adgarlegenden ist die Schreibung ohne *s* fast regelmässig durchgeführt, vgl. Rolfs l. c. 230; im Auban lautet die 1. Plur. stets auf *um*, Uhlemann 622; im Charlemagne finden sich *um* und *ums*, s. Koschwitz Überl. 86 ff., wo auch aus anderen anglonormannischen Texten Belege zusammengestellt sind.

Die 2. Pers. Plur laut meist auf *-ez*; vereinzelt: *vous poyet* Y. B. III 161; *vous cone bien* Lettr. d. Rois 284.

In der 3. Pers. Plur. Einfluss des Lateinischen in *dyunt* Langt. I 80; *diount* Y. B. III 17.

Modi. Der Konjunctiv Praesentis der 1. Konjugation hat bereits *e* angenommen: *garde* Wadingt. 66; *doigne* (von donare) Wadingt. 214 etc.; ebenso wird in den übrigen Konjugationen *e* regelmässig geschrieben; *beneye* Langt. I 12; *peuse* Langt. I 42; *face* Langt. I 42, Rymer II 596, 597; *voyle* Langt. I 64; *voylle* Langt. I 6; *vuelle* Rymer I 995; *vueille* Rymer I 1001; *doie* Rymer II 602; *nuyse* Rymer II 597. Erwähnt seien hier auch die Konjunctivformen mit palatalem *g*, das auf lat. *eam*, *iam* zurückgeht und auch auf Formen übertragen wurde, in denen es keine etymologische Berechtigung hat: *preygne* Langt. I 44; *doigne* Wadingt. 214; *viegne* Rymer I 996; *veignent* Rymer II 103; *tiegnent* Y. B. VI 141; *tiegne* Lettr. d. Rois 236. Von Imperativen sind zu erwähnen: *Fa* [2. P. Sing] Langt. II 202; *facez* [2. P. Plur.] Rymer I 1001, II 7; *preigne* Langt. II 70.

Tempora. Praesens mit auslautendem *k*: *tienk* Langt.
I 32; *je vinc* Wadingt. 136; *veng* Wadingt. 72. In der 3.
Person Sing. begegnet neben *vait* (vadit) Langt. I 82 etc.
va Langt. I 62, 80, 86; der Charlemagne kennt nur *vait*,
Koschwitz Überl. 90; bemerkenswert ist *s'en alt* (Indicativ)
Langt. I 242, Wadingt. 356.

Imperfectum. Vereinzelt findet sich noch ein Imper-
fectum der 1. Konjugation auf *ou*: *plorou* Langt. App. II
446; *quidout* Wadingt. 243; *chantout* Wadingt. 274; sonst
ist *ei, ai, oi* überall eingedrungen. Chardry hat -*out* neben
-*eit* (Koch XL) in den Adgarlegenden ist *oue, oe* das Ge-
wöhnliche (Rolfs l. c. 232); Auban hat kein Imperfectum auf
ou (Uhlemann l. c. 622); im Charlemagne ist ein Imperfectum
der 1. Konjugation nicht belegt (Koschwitz Überl. 90).

Das Perfectum bietet zu Bemerkungen keinen Anlass.
Die 1. Person Sing. Futuri lautet nicht selten auf *a* (mit dem
Lautwerth *ę?*): *jeo enjoiera* Y. B. VI 311; *serra je* Lettr. d.
Rois 231; *jeo voldra* Y. B. VI 281; *je trovera* Lettr. d. Rois
233; *jeo n'avera* Y. B. VI 369; *je emportera* Lettr. d Rois
235. Oft begegnen solche Formen in dem Pol. Songs 63 ff.
publicirten Jargongedicht: *je dirra, je conduira, jarra* [2 Mal];
je pandra; je bouterra; je ferra [2 Mal]. Auch continental-
französischen Mundarten sind solche Schreibungen nicht un-
bekannt; vgl. z. B. Apfelstedt: Lothr. Psalter XVI: *trovera,
devisera* etc.; s. auch Paul Meyer: Romania VI pag. 43. —
Fut. von *estre* begegnet als *ert* Langt. I 18; sonst regel-
mässig *ser(r)ai, ser(r)as* etc. — *lerray* Langt. I 92, *lerrunt*
Langt. I 16 für gewöhnliches *larrunt* ist vom Infinitiv
laier, nicht von *laissier* abzuleiten; s. Koschwitz: Über-
lieferung 92.

RESULTATE.

Vokale.

A. 1) Für das Suffix -*age* begegnet seit der 2ten Hälfte des 14. Jahrhunderts -*aige* in Urkunden, die jedoch zum Teil wahrscheinlich von Franzosen geschrieben sind.

2) Vor gedeckter Nasalis wird *a*, *au*, selten *o* geschrieben; von *en* + Cons ist *an* + Cons in den literarischen Texten im Reim geschieden.

3) Vor *r* + Cons wechselt *a* mit *e* in betonter und nebentonischer Silbe.

E. 1) Für *e* = lat. -*atem*, -*atam* begegnet *i*, *ie*, auch wenn kein palataler Consonant vorausgeht.

2) Vor flexivischem *s* reimt *e* aus *a* mit *e* = älterem *ie*. Zu bemerken ist *e* (:*ei*).

3) Die lat. Endung -*ianum* erscheint stets als -*ien*.

4) Für *e* aus *a* wird *ie*, *ee* geschrieben.

5) Lat. -*alem* erscheint vereinzelt als -*eil*; wahrscheinlich ist Anbildung von lat. -*alem* an -*ellum* anzunehmen, so dass *ei* = *ę* als umgekehrte Schreibung sich erklären lässt.

6) Vor *r* + Cons begegnet für *e* aus *a* *i*, das für sehr geschlossenes *e* eingetreten zu sein scheint; vgl. auch *e* (:*ie*). Zu bemerken ist *e* (:*e* = lat. *e*, *ĭ* in geschl. Silbe), das auf offene Aussprache schliessen lässt.

7) Für *e* = lat. *e* und *ĭ* in geschl. Silbe begegnet vereinzelt in pikardischer Weise *ie*.

8) Vortonisches *e* wird oft zu *a* verdunkelt.

I. 1) *i* begegnet im Wechsel mit *y*; letzteres scheint gegen Ende des Jahrhunderts mehr und mehr zu schwinden.

2) Für *i* wird einige Male *e* geschrieben, das sich aus der offenen Aussprache des *i* erklärt.

3) Wie in älteren anglonormannischen Texten findet sich für *i* = lat. *ī* *ei*, *ey*, das wahrscheinlich als umgekehrte Schreibung anzusehen ist; vgl. p. 22.

4) Lat. *ĕ* + *i* erscheint auch in analogen Verbalformen und davon abgeleiteten Substantiven regelmässig als *i*.

O. 1) Für *o* = lat. *au* zeigen die Urkunden in continentalfranzösischer Weise einige Male *ou* sowohl in betonter als nebentonischer Silbe.

2) Continentalfranzösisches *eu* = älterem *o, ou* = lat. *ō* begegnet in den literarischen Denkmälern selten, häufiger in den Urkunden.

Ü. 1) *u* = lat. *ū* wird mit *u* = lat. *ō, ŭ* im Reim gebunden; Wadington reimt noch einige Male *ū (:i).*

2) In nördlichen Urkunden wird für *u o, ou* geschrieben; in südlichen Urkunden begegnet diese Schreibung nicht.

3) Als umgekehrte Schreibung findet sich für *u ui, uy.*

Diphthonge.

Ai. 1) Im Auslaut ʌwechselt *ai* mit *ei;* nie begegnet dafür *e.*

2) Vor dentalen Verschlusslauten ist *ai* monophthongisch geworden, wie zahlreiche Schreibungen und Reime beweisen.

3) Vor Nasalis sind *ai, ei* die gewöhnliche Bezeichnung. Daneben begegnet in östlichen und südöstlichen Texten *e* im Wechsel mit *a.* Es ist daher wahrscheinlich, dass in diesen Gegenden wenigstens fakultativ vor Nasal im 14. Jahrhundert monophthongische Aussprache eingetreten war.

4) Vor *ñ, l* begegnet *ai* im Reime mit *ei.*

Ei. 1) Der in continentalfranzösischen Texten seit der Mitte des 12. Jahrhunderts auftretende Übergang von *ei* zu *oi* findet sich in den literarischen Denkmälern des 14. Jahrhunderts relativ selten; oft dagegen in den Urkunden.

2) Im Auslaut begegnet meist *ai, ei, oi;* ganz vereinzelt *e.*

2) Vor *s, r* ist *ei* monophthongisch geworden.

Ie. 1) Für *ie* tritt in den literarischen Denkmälern meist *e, ee* ein; in den Urkunden findet sich daneben *ie* nicht selten.

2) Vereinzelt begegnet für *ie, i,* das als umgekehrte Schreibung für sehr geschlossenes *e* sich erklären lässt; vgl. pag. 34 ff. 3) Nicht selten wird für *ie ei* geschrieben; vgl. Seite 34.

Ue. Ue entwickelt sich über *ué* zu *e, ee*; geschrieben wird: *ue, eu, oe, eo, e, ee*.

Oi. Sowohl *ǫi* als *ọi* werden meist als *oi* dargestellt.

Ui. Für *ui* begegnet einerseits *u*, andererseits *i*, vereinzelt auch *oui*.

Konsonanten.

P. In nebentonischer Silbe begegnet für *p* oft *pp*.

B. Als Stützkonsonant fällt *b* ganz vereinzelt aus wie im Picardischen; doch ist zu bemerken, dass auch nördlichen englischen Mundarten heute dieser Stützkonsonant fehlt.

F. Für intervokalisches *f* in nebentonischer Silbe tritt oft *ff*. ein.

V. v wird häufig mit deutschem *w* wiedergeben.

W. Für altes germanisches *w* begegnet neben *gu, g* selten *w*.

T. 1) Im Anlaut erscheint *t* öfter als *th*.

2) Nach Konsonant im Auslaut und vor flexivischem *s* wird die Dentalis oft unterdrückt; dieselbe Erscheinung begegnet in kontinentalfranzösischen Texten, aber auch in genuinen Wörtern der englischen Vulgärsprache.

3) Unorganisches *t* findet sich im Auslaut wie in englischen Wörtern.

Dž. Für die tönende Adfrikata wird neben *g gg* geschrieben.

S. 1) Vor Liquiden ist *s* verstummt. Bevor *s* vor *l* verstummte, erzeugte es nach sich in der Aussprache ein *d*, das in anglormannischen Texten nicht selten graphisch zum Ausdruck gebracht wird.

2) Auch vor Plosivlauten ist *s* verstummt.

3) Für stimmloses *s* = lat. *ce, ci* begegnet in den Urkunden ganz vereinzelt *ch* in pikardischer Weise.

4) *t* + flexiv. *s* erscheint als *z* und *s*. Oft wird *z* geschrieben, wo es etymologisch nicht berechtigt ist.

R. 1) Intervokalisches *r* = lat. einfachem *r* und intervokalisches *rr* = lat. geminirtem *r* werden mit einander vertauscht.

2) Vor Konsonant verstummt *r.*

3) Oft begegnet Metathese des *r.*

L. 1) Nicht selten ist *l* umgestellt.

2) Vor Konsonant ist *l* oft verstummt, eine Erscheinung, die auch continentalfranzösischen Mundarten nicht unbekannt ist.

3) $\tilde{l}$ ist zu *l* geworden.

N. Erweichtes $\tilde{n}$ wird nicht mehr gesprochen, wie Reime und umgekehrte Schreibungen beweisen.

K. 1) *C.* vor *o, u* ist unverändert erhalten.

2) *C* vor lat. *a* und daraus hervorgegangenem *e* erscheint als *ch;* selten pikardisch *c.*

Qu. Seit der Mitte des 12. Jahrhunderts kommt für lat. *qu k* in Gebrauch, das gegen Ende des 13. Jahrhunderts im Anglonormannischen zu Gunsten von *qu* aufgegeben wird; in anglonormannischen Texten des 14. Jahrhunderts begegnet häufig *k.*

H. 1) *h* ist in der Aussprache verstummt und wird daher oft geschrieben, wo es etymologisch keine Berechtigung hat.

2) in germanischen Wörtern ist ursprüngliches *h* meist erhalten.

Formenlehre.

Substantiv. Die Regeln der altfranzösischen Nominalflexion werden von den Dichtern sowohl als von den Schreibern nicht mehr festgehalten; im Grossen und Ganzen macht sich die Tendenz geltend, die Form des Obl. auf den Nom. zu übertragen; doch sind auch umgekehrte Fälle nicht selten.

Adjektiv. Für die Adjektiva gilt das zum Substantiv Bemerkte.

Pronomen. Zum Artikel ist zu bemerken, dass *le* und *la* oft miteinander verwechselt werden; die Erscheinung erklärt sich als phonetischer Vorgang.

Verbum. 1) Die verschiedenen Klassen der Verben werden aneinander angeglichen.

2) D. 1. Pers. Sing. Ind. Praes. hat noch kein s oder *e.*

3) Die Verben auf *-ir* haben wie in älteren anglonormannischen Texten in der 3. Pers. Sing. Praet. Formen mit und ohne *t* neben einander.

4) Vereinzelt begegnet noch ein Imperfektum der 1. Konjugation auf *-ou*; sonst ist *ai, ei, oi* überall eingedrungen.

5) Die 1. Pers. Sing. Fut. lautet vereinzelt auf *a*, vielleicht mit dem Lautwert *ę*.

Vita.

Natus sum Aemilius Busch die XXI. mens. Dec. a. h. s. LXII in vico Pomeranicae provinciae, cui nomen Zingst inditum est, patre Ferdinando, matre Amalia e gente Struempel, quos adhuc superstites esse valde laetor. Fidem profiteor evangelicam. Literarum elementis imbutus quattuor per annos oppidi quod Ribnitz vocatur scholam frequentavi; deinde examine superato in gymnasium reale Gryphiswaldense receptus sum. Testimonio maturitatis munitus mens. Apr. a. h. s. LXXXII numero *civium* universitatis Gryphiswaldensis adscriptus sum et per septem semestria in linguarum recentium studia incubui. Benigne permiserunt viri doctissimi proff. doctt. Konrath ut seminarii Anglici, Koschwitz ut seminarii Romanici sodalis essem.

Disserentes audivi viros illustrissimos: Behrens, Credner, Konrath, Koschwitz, Marx, Reifferscheid, Schuppe, Zimmer, quibus omnibus optime de me meritis, imprimis autem viris celeberrimis Behrens, Konrath, Koschwitz, qui omni tempore studiorum meorum fautores et adiutores fuerunt, gratias et ago et semper habebo quam maximas.

Thesen.

I.

Die Behauptung Groebers, Zs. f. rom. Phil. X, 320, es sei keine empfehlenswerte Neuerung, die vortonischen Vokale in nebentonische und unbetonte zu scheiden, ist als unbegründet zurückzuweisen.

II.

Trautmann, die Sprachlaute, pag. 238 ff. stellt mit Unrecht für *m* und *n* nach stimmlosen Consonanten stimmlose Aussprache als Regel hin.

III.

Die sogenannten *verse tests* genügen nicht, um einem Dichter ein Werk mit Bestimmtheit abzusprechen oder zuzuschreiben.

IV.

Das Anglonormannische des XIV. Jahrhunderts ist trotz Scheibners und Groebers gegenteiliger Ansicht mit Murray (A. New English Dictionary Part. I General Explanations pag. X Anmerkung) als ein organisch weiter entwickelter Dialekt der früheren Jahrhunderte anzusehen.

V.

Die in anglonormannischen Texten des XIV. Jahrhunderts begegnende Schreibung *i* für *ie* ist nicht durch kontinentalfranzösischen, sondern durch englischen Einfluss zu erklären.

VI.

Ponz de Capduoil ed. M. v. Napolski Lied 24 v. 7: *Greu soffrir fai l'ira el dol el dan* ist auf Grund der hsl. Ueberlieferung zu verbessern in: *Greu pensar fai l'ira nil dol nil dan.*

www.ingramcontent.com/pod-product-compliance
Lightning Source LLC
Chambersburg PA
CBHW020235090426
42735CB00010B/1708